novum pro

Wolfgang Schrammel

Das Leben im Wandel der Zeit

Gedichte über Leben, Liebe, Krieg und Heimat

www.novumverlag.com

Bibliografische Information
der Deutschen Nationalbibliothek:

Die Deutsche Nationalbibliothek
verzeichnet diese Publikation in
der Deutschen Nationalbibliografie.
Detaillierte bibliografische Daten
sind im Internet über
http://www.d-nb.de abrufbar.

Alle Rechte der Verbreitung,
auch durch Film, Funk und Fernsehen,
fotomechanische Wiedergabe,
Tonträger, elektronische Datenträger
und auszugsweisen Nachdruck,
sind vorbehalten.

© 2015 novum Verlag

ISBN 978-3-99048-269-8
Lektorat: Yvonne Kramelhofer
Umschlagfoto:
Jordano | Dreamstime.com
Umschlaggestaltung, Layout & Satz:
novum Verlag

Gedruckt in der Europäischen Union
auf umweltfreundlichem, chlor- und
säurefrei gebleichtem Papier.

www.novumverlag.com

Ich möchte mich herzlich beim Lektor,
meiner Lektoratsassistentin
und meinem Mentor,
Herrn Mag. Helmut Hammerschmid,
für die Unterstützung bedanken.

Oberösterreich, mein Heimatland

Im Osten die Enns, im Westen der Inn.
Im Norden der Nordwald, im Süden de Seen.
Die Berg' und die Gletscher, des Wasser da Wald,
d' Industrie und die Umwelt harmonier'n, was mir g'fallt.

Dazwischen teilt die Donau des Land in zwoa Teil',
vier Vierteln sans worden, de bleibn's alliweil.
Und draußen am Land, wo mas Leben richtig g'spürt,
da wird recht viel 'tanzt und auch musiziert.

Am Land hört ma's blasen, hört vortraogn an Reim,
in da Stadt is des anders: „Hard Rock" und viel schrein.
De Jugend is anders, des muaß ma verstehn,
die modernen G'sangl san a sicher schen.

In de Städt' werken d'Leut, mit Maschin' und Verstand,
und de Bau'n werkern händisch und pflegen des Land.
Uns kenns't von der Weit'n, des merk dir mal guat,
weil de d'Leut freundlich grüaßen und lupfen eahn Huat.

Du gehst durch des Landl.und schaust die mal um,
da is alles so sauber, vor Freud wirst ganz stumm.
De Berg' und de Seen, de Dörferl, de Roan,
de Wiesen, de Acker, de Kircherl alloan.

De Stift und de Klöster, mit de Nonnen und Herr'n,
de Pflegen d'Kultur und den Herrgott haom's gern.
Sie schreib'n all des nieda, was war und is g'schehn,
wann jeder draus lernert, ja mei' wa' des schen.

Wann vier Viert'ln z'samm haolt'n, gibt des a stark's Land,
des muaß ma dahaolten, mit Herz und Verstand.
Vergiss net, daß all' des, was einst g'schaffen und g'säät
von uns muaß dahaolt'n werden, so guat wia's nur geht.

Sei stolz auf des Landl, zwischen Enns und dem Inn,
mit der herrlichen Laondschaft, mit den guat'n Industrie'n.
Oberösterreich liebt ma, und hegt's mit Verstand,
des muaß oan a' Ehr'sein, für sein Hoamatlaond.

D'Turmuhr

In Wilhering an der Donau,
àm Kürnberg sein Fuaß,
steht a' wunderschen's Kloster,
des ma kenna muaß

Zisterzienser belebens,
sie pflege'n d'Glaubenskultur,
sie betreuen die Christen
rund um die Uhr.

Einst haot se im Stift drinn
des Werkl fest draht,
hiazt is' a' wenig ruhiger,
ja faost is' gaonz stad.

Koa Saog und koa Heim mehr,
koa Moarhof mehr dao,
guat zwoa Händ voll Mönche,
de plaog'n se ao(b).

Der Abt macht si Sorgen,
er hät halt a' Bitt,
dass bald haolt a Junger
ins Kloster eintritt.

Vielleicht geht's an jeden
von uns heut viel z'guat,
dass'die Leut mit Berufung,
ja do fehlt der Muat.

Da Emmerich Donninger,
als Dichter vom Land,
und der Balduin Sulzer
san weltweit bekannt.

De Zwoa san aus Wilhering,
von de geistlichen Herr'n,
wir saog'n Dank und tan bitten,
dass' doch noch mehr werd'n.

Ja Herrgott, so gib halt
der Jugend de Kraft,
dass z'mindest oana im Jaohr
den Weg zu dir schafft.

Wär schaod, wann'st im Kloster
der Glaubenskultur
nix anders mehr schlaog'n hörst,
als nur die Turmuhr.

Der See

Eingebettet zwischen Almen,
liegt ein klarer stiller See.
Berge spiegeln sich im Wasser,
auf deren Hängen liegt noch Schnee.
Das Spiegelbild kommt leicht in Schwingung,
weil sich ein Entenpaar bewegt,
das,mit sanften, ruhigen Schwüngen,
langsam durch das Prachtbild schwebt.
Vögel fangen an zu singen,
wie ein Chor, sie musizier'n.
Es ist dein Glück dies zu erleben,
Dankbarkeit sollst du verspür'n.

Gipfelsieg

Finsternis liegt in den Gassen,
schlaftrunken wir von dannen ziehn,
wir wollen heut, aus eignen Kräften,
einen Teil der Schöpfung sehn.

Angelangt am Fuß des Berges
wird die Route noch studiert,
die uns über grüne Almen
zielstrebig zum Gipfel führt.

Schweigend schreiten wir nach oben,
wollen schnell am Gipfel sein,
weit entfernt das Großstadt-Toben,
wir sind glücklich und allein.

Nur der Freund, der dich begleitet,
ist dir helfend, ist dir nah.
Er, der sichernd mit dir schreitet,
hilft bei Not und bei Gefahr.

Festen Schrittes ziehn wir weiter
aus der stillen finstren Nacht
in die Helligkeit der Bergwelt.
Ach, welch wundervolle Pracht!

Letztlich ist erreicht der Gipfel,
voll Glück reicht dir der Freund die Hand.
Das Herz, erfüllt in reiner Freude,
dein Blick erfasst das weite Land.

Hoch erfreut schaun wir hinunter,
wo der dichte Nebel liegt,
wo der Lärm des täglich Schaffens
die Natur brutal besiegt.

Gehe in dich und dank dem Schöpfer,
der dies alles hier geschafft,
dass du das Schöne kannst erleben,
dazu gab dir Gott die Kraft.

Morgenerwachen

Der Schatten der Nacht
hebt sich langsam empor,
die Vögel trillern
ganz leise im Chor.

Der Tag zeigt sich stärker,
weil die Nacht sich verzieht
und man das Licht in den Häusern
nur mehr schwach funkeln sieht.

Still färbt sich der Himmel
im Osten hellrot,
der Bäcker hat's eilig,
er verteilt frisches Brot.

Nach der Stille der Nacht
beginnt langsam der Tag,
er bringt uns viel Neues,
Glück, Arbeit und Plag.

Doch vergiss nie wie herrlich
der Neubeginn ist
und sei dankbar und glücklich,
dass du erwacht bist.

Geh fröhlich zur Arbeit
und sei immer bedacht,
das nach Mühen und Schaffen
für die Ruh' kommt die Nacht.

Hast du redlich geschaffen,
schläfst du ein, ohne Sorgen.
Dabei holst du dir Kräfte,
die du brauchst nächsten Morgen.

Die Rückkehr

Noch gerne denke ich zurück
an viele schöne Tage,
an Freunde, die ich aus der Zeit
der Jungschar heut noch habe.

Wir waren lustig, unbeschwert,
manch Streich wurd durchgezogen,
doch waren wir auch unserm Herrn
und Schöpfer gut gewogen.

Das Leben teilte unsre Schar,
jetzt ging's nach eignen Wegen,
das, was mir einst sehr wichtig war,
war plötzlich nicht zu gegen.

Lang war ich weg, war weit entfernt,
bin nun zurückgekommen.
Wie wird es sein, wer will mich noch?
Werd' ich auch aufgenommen.

Das Leben hatte mir gelehrt
manch Fehler zu erkennen.
Der Glaube half mir stark zu sein
und nicht feig weg zu rennen.

Und dieser hat mich auch bestärkt
nach schweren, schlimmen Tagen,
den Schritt aus meiner Finsternis,
ans helle Licht zu wagen.

Jetzt bin ich glücklich hier zu sein
am Brunnen junger Tage,
wie lang ich darf, entscheidet er,
der Herr, den ich nicht frage.

Mein Leben ist auch sein Geschenk,
Gott hat das Recht zu lenken.
Nimmt er es mir, bin ich bereit,
dies will ich stets bedenken.

Z'friedenheit

Vier Wänd und a Daoch,
koan Hohn und koan Schmaoch,
oa lieabe Frau in da Stubn,
oa Dirndl, oan Buam.

A Arbeit de g'freit
kaonnst dahaolt'n deine Leit.
Du bist g'sund und net kraonk,
dann saog des erste Mal Daonk.

Haost mit Nachbarn koan Streit,
lebst in Liab' und in Freud',
dann is das Glück sicha b'schieden,
daonk dem Herrn und sei z'frieden.

Der Sinn des Lebens

Den Sinn des Lebens zu ergründen
hat manch einer schon oft probiert.
Der Wahrheit Lösungen zu finden
hat ihn genauso oft verwirrt.

Dein Geist entscheidet sich für's Leben,
die Eizelle wird neu beseelt.
Du hast dir, für dein irdisch' Leben
nun auch dein Umfeld ausgewählt.

Vom Anfang an hast du zu lernen
die Schöpfung Gottes zu verstehn
und bist du nicht mehr Lernens willig,
wirst manchen Weg du anders sehn.

Oft prüft das Schicksal dich im Leben,
du haderst, fragst dich nach dem Sinn.
Warum schenkte mir Gott das Leben,
wenn ich dann so unglücklich bin?

Gottvater setzte uns ein Zeichen
mit Leid und Tod von Jesus Christ.
Er wollte so der Menschheit zeigen,
wie sinnvoll manches Leiden ist.

Durch seinen Tod lehrt er uns Demut,
du sollst dem Fehlenden verzeihn,
wenn du dies schaffst in deinem Leben,
dann wirst du immer glücklich sein.

Am jüngsten Tage wirst du wissen,
und spätestens dann wird dir klar,
was denn der Sinn des irdisch' Lebens,
für dich als Mensch nun wirklich war.

Der Reichtum des Lebens

Wenn du ein Mensch bist, der versteht,
worum's in einem Leben geht,
dass alle Menschen sind verwandt,
hast du was Wichtiges erkannt.

Die Achtung vor dem Menschenleben
wird dann auch dir die Größe geben,
die du auch brauchst, um zu erkennen,
dass Menschen sich Geschwister nennen.

So denke nach, lass uns verweilen,
wir sollten doch mit jedem teilen,
denn allzu schnell ist es passiert,
dass man arm ist oder dies wird.

Dann denkst du sicher, fordernd nun,
die Mitmenschen mögen dies tun,
was du, vielleicht ganz unbedacht,
im Leben selbst nie hast vollbracht.

Die Menschen, ob sie arm, ob reich,
sind unter allen Völkern gleich,
wenn sie, das Schönste wohl im Leben,
sich Achtung und auch Liebe geben.

Nationen und auch Menschenrasse,
die bilden keine eigene Klasse,
betrachte sie wie Gott sie sieht,
damit kein Vorurteil geschieht.

Das Allerschönste wohl im Leben
ist jedem Menschen das zu geben,
was ohne Macht und ohne Geld
Reichtum bedeutet auf der Welt.

Wenn du dem lebst, dann ist dir klar
was tiefster Sinn des Lebens war.
Dass Freude, Hilfe, Liebe geben,
ein wahrer Reichtum ist im Leben.

Der Neubeginn

Aus dem blauen Firmamente
goldend glänzen Sonnenstrahlen,
dringen durchs Geäst der Bäume,
auf dem Schnee ein Prunkbild malen.

Wie, wenn tausend Diamanten
auf dem Schneefeld los verstreut,
funkeln sie in schönsten Farben,
dass dein Herz sich voll erfreut.

Durch die Kraft der Sonnenstrahlen
schmilzt die Schneedecke dahin.
Daraus die kleinen, klaren Bäche
sprudelnd nun zu Tale ziehn.

An den Ufern dieser Bächlein
sprießen Blumen aus dem Grün,
weiße, blaue, gelbe Blüten,
Frühlingsboten kannst du sehn.

Viele Tage mussten Äste
schwere Schneelast lange tragen,
aus deren Zweige sprießen Knospen,
die sich an die Sonne wagen.

Knospen sehnen sich nach Sonne,
aus dem Boden feuchter Saft,
von den Wurzeln aufgesogen,
gibt dem Trieb die ganze Kraft.

Vögel, deren Stimmen klingen,
im Konzert sie musizieren,
gemeinsam mit den Frühlingsboten
dieses Schauspiel inszenieren.

Neubeginn ist Frühlingsanfang,
die Natur zeigt, dass es geht.
Wenn du zweifelst, nimm dies Beispiel,
weil's immer wieder aufwärts geht.

So hat der Herr die Jahreszeiten
auf uns Menschen abgestimmt,
dies wird nur jener Mensch begreifen,
der sich an ihm ein Beispiel nimmt.

Liebe auf den ersten Blick

Einsam sitz ich, stumm und träumend,
an der Bar im Stammlokal.
Blauer Dunst umzieht mich kreisend
und das Bier schmeckt leer und schal.

Unzufrieden mit dem Dasein,
sitz ich hier an dieser Bar,
weiß nicht, was denn Wohl der Grund
für diesen Aufenthalt hier war.

Plötzlich spüre ich ein Sehnen
und vermein mich hat's berührt.
Irgendwas vertrieb den Stumpfsinn,
lenkt mich ab, ich hab's verspürt.

Da erklingt ein helles Lachen,
ein für wahr lieblicher Ton,
ich versuch den Quell zu orten,
als hörte ich ihn immer schon.

Durch den blauen Dunst der Kneipe
trifft mein Blick auf eine Frau,
deren Lachen ich wohl hörte,
ja, die ist's, ich spür's genau.

Wie von Schicksalshand gesteuert,
kreuzen sich der Liebsten Blick,
und im Herzen spüren beide,
ja, das ist es, unser Glück.

Wahre Liebe

Du bist sehr schön, zart ist die Haut,
dein Körper wird begehrt,
ein männlich' Wesen sucht nach dir,
bist jung und wirst verehrt.

Wie ist es schön, noch jung zu sein,
dein Reiz verdeckt sehr viel,
doch nicht dein Wesen insgesamt,
dein Körper ist das Ziel.

Prüfe sein Herz und seinen Geist,
die Einheit wird betrachtet,
denn lieben wird dich fort weg der,
der dich als Frau auch achtet.

Wenn du dich hingibst, frag dich nur,
ob er wie du auch denkt,
und seine Einheit, Körper und Geist,
bedingungslos dir schenkt.

Denn nur die Einheit, Körper und Geist,
wird auch in schweren Zeiten,
beim Lösen mancherlei Problem,
viel Freude dir bereiten.

Vergänglich ist der Jugend Glanz,
vergänglich die Begierde,
wenn du im Leben Liebe schenkst,
lebst du als Mensch mit Würde.

Erstes Glücksgefühl

Ein wonnenhaftes Glücksgefühl umgibt mich,
ich kann's nicht sehn,
ganz tief im Herz berührt es mich,
ich kann's noch nicht verstehn.

Denn dies Gefühl ist wunderbar,
ein göttliches Geschenk,
wenn es doch fortweg in mir blieb,
dies ständig ich mir denk.

Geschlossnen Auges lieg ich da,
genieß die schöne Zeit,
ich wag zu öffnen scheu den Blick
und seh, was mich erfreut.

Die Liebste mein ist mir ganz nah,
und ohne zu berührn,
kann ich das wonnig' Glücksgefühl
und ihre Liebe spüren.

Die sanfte Stimme flüstert mir
ins Ohr, manch süße Wort,
ich denk, mein Herz springt mir heraus,
es pocht in einem fort.

Ich fühl's, und kann nicht deuten dies,
was mich so schön umgibt,
ich spür's, die Herzensstimme sagt,
du bist ganz tief verliebt.

Gedanken zur Goldenen Hochzeit

Als junge Menschen standet ihr,
beseelt von Gottes Segen,
mit Glücksgefühl beim Traualtar,
um euch das Wort zu geben.

Das Wort, das euch so lang geprägt,
dies Wort, das ihr gesprochen,
mit dem ihr euch, der Herr bezeugt's,
Achtung und Lieb versprochen.

Mit Demut und mit Toleranz
habt ihr's bis jetzt geschafft.
Damit ihr weiter glücklich bleibt,
gibt euch der Herr die Kraft.

Manch schwere Prüfung, Leid und Pein,
in bösen, dunklen Tagen,
die habt ihr selbst, mit Mut und Kraft,
gemeinsam stolz ertragen.

Gemeinsam liegt das Glücksgefühl
ganz tief in euren Herzen,
half zu vergessen, lindert sanft
das Leid und manche Schmerzen.

Die Achtung, die ihr vorgelebt,
die sollt ihr immer wahren,
ihr dankt es euch mit Lieb und Treu,
fort an in all den Jahren.

Wenn du den Menschen, den du liebst,
im Alter sanft berührst,
ist dieses Glücksgefühl in dir,
die Liebe, die du spürst.

So hat schon manch betagter Mensch
im Alter erst erfahren,
wie oberflächlich Liebeleien
zur Jugendzeit doch waren.

Denkst du gemeinsam nach den Jahren
an diese Zeit zurück,
dann fühlst du tief im Herzen drinnen
Dankbarkeit und Glück.

Beileid

„I möcht mit dir teiln",
hat der Freund ganz ernst g'moant,
der Trauernde fraogt: „Wirklich?"
und haot dabei g'woant.

Waos willst mit mir teiln?
I haob nix auf da Welt.
Was mir vielleicht g'fehlt haot
war Reichtum und Geld.

Den Schatz, den i g'haobt haob,
den haob i verlorn.
Den haot der Herrgott mir g'numma,
is allzu bald g'storbn.

„An was willst dann teilhabn?",
fraogt der Ander verzaogt.
„Weil i eh nix mehr haob,
haot mi doch nu neahmt g'fragt."

„I moan net des Geld",
saogt der Freund traurig drauf.
„An dein Leid will i teilhaobn,
vielleicht richt's di auf."

Erkenn das Licht

Erkenn das heile Licht in dir
und führ es in dein Herz;
dies gibt ein wonniges Gefühl,
schenkt Liebe, stillt den Schmerz.

Erkennst du dies, dann ist dir klar,
dies Licht braucht unser Herz
und führe es dem Nächsten zu,
es heilt und lindert Schmerz.

Wenn du als Mensch nun dies verstehst,
dann trägst du Licht im Herzen,
bist gütig, rein und tolerant
und hast auch keine Schmerzen.

Sollt ich einst gehn, dann trauert nicht,
ich habe keine Schmerzen,
hab keine Angst, ich hab's versucht
ich trug das Licht im Herzen.

Erkenn das Licht und halt es fest,
es strahlt aus deinem Herz,
gib ihm dort Platz, dann bleibt es hell,
du leidest keinen Schmerz.

Der Dorn der Rose

Stolz erblüh'n im grünen Garten
der Natur wohl schönste Arten.
Die Rose rot, die Blätter grün,
wie ist sie herrlich anzuseh'n.

Sie bildet Zweige, Knospen, Triebe,
sie ist das Herzgeschenk der Liebe.
Wenn du die Rose schmerzhaft brichst,
dann wehrt sie sich, in dem sie sticht.

Schützt ihre Schönheit, ganz bewusst
mit Dornen, hemmt sie falsche Lust.
Zerkratzte Haut, der Rohheit Preis,
oft ritzt der Stachel tief dein Fleisch.

Die Liebe, nun das scheint bekannt,
ist mit der Rose artverwandt.
Liebesleid bringt große Schmerzen,
doch dieser Stachel sitzt im Herzen.

Dieser Dorn bringt großen Schmerz,
er blutet nicht, verletzt dein Herz.
Mit Glück kannst du ihn leicht entfernen,
neu zu lieben musst du lernen.

Die Rose zeigt mit ihrer Kraft,
wie man trotz Schmerz was Neues schafft.
Die neue Blüte, wie gemalt,
fortan vom Rosenstrauche strahlt.

Gleichheit

Ein Mensch ward unter Schmerz geboren,
er drängt zum Leben und zum Licht,
dem Mutterleib wurde er entbunden
und was nun kommt, das ahnt er nicht.

Nichts ahnend kam er, voll des Dranges,
ans Licht der scheinbar heilen Welt.
Er weiß nicht, ob er zu den Armen
oder zu den Reichen zählt.

Arme oder reiche Menschen,
was soll's, sind wir nicht alle gleich?
Durch das Geschenk der Gottesschöpfung
sind doch alle Menschen reich.

Doch schon nach kurzen Lebensjahren,
da spürt er plötzlich, wer er ist.
Er kann ernüchternd dann erfahren,
wie schwer das Leben wirklich ist.

Wer hat das Recht, ihn auszugrenzen,
so, dass er spürt man meidet ihn?
Man lässt ihn alle Missgunst spüren,
Betroffenheit zeigt sich an ihm.

Warum? Es ist schwer zu verstehen,
was vorgeht in der Menschen Hirn.
Gleichheit und Menschenrecht zu leben,
wär' sicherlich der bessere Sinn.

Gewiss ist auch, dass Arm und Reiche
im Leben zu den Reichsten zählen,
wenn sie Menschenrecht und Freiheit,
als Vorbild für ihr Leben wählen.

Der gute Mensch stellt seinem Handeln
die Menschenrechte steht's voran.
Beweist damit, dass er durch Einsicht
als Mensch mit Würde leben kann.

Erziehung

Im Tierpark, drüben, in Grünau,
haob i de Bärn zuag'schaut,
a Jungbär auf an Felsn kreult,
dass's na faost aobi haut.

De Bärenmuada rennt g'schwind hin,
packt eahm mim Mäul beim Gnack,
sie tragt na liebvoll ins Taol
und weg is er, zack, zack.

Wo rennt er hin, des is ganz klaor,
zan Felsn wieda maol.
De Muada schaut, kreult wieda hin
und traogt na z'ruck ins Tal.

Kaum is a drunnt, der Meister Bez,
is er scho wieda obn,
de Muada kraxelt auf den Fels,
ma heart's a wengerl schnobn.

Ja wia's daonn wieder obn is,
haut's den Bärn mit ihre Pratzn
oa Fotzn eini in sei G'frieß,
dass'd glaubst, hiazt muaß a z'plaotzn.

De Lehre draus, ja de is de,
er is haolt do z'weit gaonga,
drum haot eahm d'Muata oane gebn,
als tat er's grad verlaonga.

Und bei uns Menschen is des gleich,
ma braucht net aollweil Streit,
doch maonche Detschn tät scho guat,
waonnst 's kriagst zua rechtn Zeit.

Lebenssieger

Ein Mensch,
erfahren,
der erkennt,
den Lebenswert zu achten,
und seine Frau,
die er auch liebt,
besonders zu betrachten.

Die Frau,
die ihm in all den Jahren
verlässlich stand zur Seit',
um mit Gefühl
und viel Verstand
zu einen
Glück und Streit.

Verdrängen,
lässt sich all zu leicht
manch Freud
und manche Sorgen,
manch unbeschwertes langes Fest,
bis
in den frühen Morgen.

Doch nicht verdrängen
lässt sich dies,
was wir
so hart erfahren,
zu leben in Wohlstand
und in Not
in all den langen Jahren.

Ich hab erkannt,
was du geschafft,
was längst schon wär' verronnen,
ich sag dir Dank,
ich liebe dich,
ich hab durch dich gewonnen.

Hoffnung und Zuversicht

Ein weißer, dichter, kalter Mantel
deckte jetzt all die Wunden zu,
die in letzter Zeit entstanden.
du warst ratlos, ohne Ruh.

Sollst du hadern, sollst du zweifeln,
gibt es die Gerechtigkeit?
Es belasten dich Gedanken,
prägen diese schlimme Zeit.

Schwer verdrängbar, dies Geschehen,
es belastet, du leidest stumm,
findest darauf keine Antwort,
fragst dich leise nur, warum?

Da erkennst du, es gibt Menschen,
die beherzt dies alles sehn,
die dir mit allen ihren Kräften,
mit Rat und Tat, zur Seite stehn.

Dies gibt Hoffnung, dies gibt Freude,
dies gibt Mut und Zuversicht,
sie tragen bei, dass du nicht haderst,
verhindern, dass dein Herz zerbricht.

Die Menschen sind es, die dir plötzlich
und unverhofft zur Seite stehn,
die dir mit Kraft und Liebe helfen,
die Hoffnung bleibt dadurch bestehn.

Die Frauen

Die Mutter Gottes kniet verzweifelt
beim Leidenskreuz von ihrem Sohn
und betet innig für Erlösung
besudelt durch der Ketzer Hohn.

Neben ihr kniet Magdalena,
sie war als Sünderin bekannt,
sie schenkt ihr Trost, gibt Kraft, teilt Schmerzen,
hilft ihr zu ordnen den Verstand.

Nachdem der Herr ihn aufgenommen,
heben sie ihn vom Todespfahl
und betten ihn mit sehr viel Liebe
ins Grab, im kargen Felsental.

Ich frag mich nur, wo warn die Jünger?
Wo warn sie, die ihn so verehrt?
hab'n sie sich nicht, als Angst vor Schande
beschämend von ihm abgekehrt?

Dies war vor vielen hundert Jahren,
als dies Verbrechen einst geschah,
auch damals schon war Frauengleichheit
für manche Menschen undenkbar.

Die Gegenwart zeigt uns sehr deutlich,
dass selbst die Kirche dies vergisst,
weil sie die Gottesschöpfung, Frauen,
als Mensch mit andren Maßen misst.

Die Frauen? Was? Die? Wolln uns erklären
die Lehre Christi zu verstehn;
sie maßen an sich, zu begehren,
dies Amt, wo nur Aposteln stehn?

Wer hat das Recht Frauen auszugrenzen,
die damals redlich bis zum Tod
dem Gottessohn zur Seite standen
und halfen, lindern Schmerz und Not.

Ich meine auch, in uns'rem Lande
soll Gleichheit man als Recht verstehn,
vor allem alle jene Menschen,
die Frauen auch als Schöpfung sehn.

Die Frauen einfach auszugrenzen,
fällt selbst der Kirche nicht so schwer,
warum? Zeigt denn nicht dieses Beispiel
dies Unrechthandeln umso mehr?

Die Kraft

Wo Licht ist, fällt Schatten.
Nach dem Tag kommt die Nacht.
Nach dem Abend der Morgen,
er gibt neue Kraft.

Spar dir deine Kräfte,
behüte sie gut,
in der Not wirst du's brauchen,
da geben sie Mut.

Der Freund

Ein jeder sucht in seinem Leben
den Mensch, der allen wohl bekannt,
er kann dir Kraft und Liebe geben,
von allen wird er „Freund" genannt.

Er, der dir helfend steht zur Seite.
Er, der dich immer gut berät.
Er, der, wenn andere an dir zweifeln,
verlässlich immer zu dir steht.

Geht es dir gut, hast keine Sorgen,
dann hat schon mancher oft gemeint:
„Sollte dich schlimmes Schicksal treffen,
dann zähl auf mich, ich bin dein Freund."

Du kannst dich dann in der Gesellschaft
der vielen Freunde kaum erwehren.
Doch bist du plötzlich schwer in Nöten,
wer hat dann Zeit dir zuzuhören?

Der wahre Freund, der hört dir zu,
ermuntert dich, wenn er ruhig spricht,
seine Worte wirken stärkend,
verhindern, dass dein Herz zerbricht.

Manch Mensch wäre noch nicht verstorben,
wäre in mancher dunklen Zeit
nur ein Freund bei ihm gewesen,
der ihn von schwerer Last befreit.

Den guten Freund kannst du erkennen,
wenn er im Leben mit dir geht,
sich niemals vorneweg sich drängend,
bescheiden, selbstlos, zu dir steht.

Und hast du diesen Mensch gefunden,
dann schätze ihn, wo du auch bist,
du weißt, dass echt gelebte Freundschaft
für wahr ein großer Reichtum ist.

Der Hass

Dem Hass verlieh man eine Farbe.
Rot, sie ist grell, Rot wirkt so krass.
Bei roter Ampel heißt es Halten,
doch allzu haltlos macht der Hass.

Den Hass kennt jeder Mensch auf Erden,
dies Wort lernt sicher jedes Kind.
Doch wird der Hass meist dort gelebt,
wo Menschen uneinsichtig sind.

Hassen heißt, ich will vernichten,
dies ist ein Wort in andrer Form.
Hassen heißt auch, ich muss richten,
so führt er zu brutalem Zorn.

Oft wird man sich auch selbst ertappen,
man spricht dies Wort, gedankenlos.
Dabei ist dieses Wort endgültig,
Wert vernichtend, gnadenlos.

Hass, der Gegenpol zur Liebe,
schürt ein feindselig' Gefühl,
verbunden mit dem Drang zu schaden,
ist er der bösen Menschen Ziel.

Stoppt die bösen Hasstiraden,
denkt an Elend und an Not.
Denkt an Seelenschmerz und Trauer,
denkt an all der Menschen Tod.

Wie wird es schön, wenn jeder Mensch
auf dieser Erde frei, fort an,
auf den Hass, gänzlich verzichtend,
in Liebe glücklich leben kann.

Das Frauenschicksal Frauenhaus

Das Glücksgefühl umschwebt dich sanft,
scheinst alles zu vergessen.
Du bist verliebt, der Körper bebt,
bist von der Lieb besessen.

Besessenheit macht oft auch blind,
dies willst du nicht verstehen,
an deinem Mann, den du so liebst,
willst du nichts Schlechtes sehen.

Des Körpers Schönheit und die des Geists,
die sollten sich vereinen,
dann würde dir ein Leben lang
die Liebessonne scheinen.

Prüfst du dem nicht, erfährst du oft
nach kurzen Ehejahren,
dass Prüfungen, am liebsten dein,
zu oberflächlich waren.

Die Zärtlichkeit, sie weicht dem Hass,
im Herzen wird es kalt,
du frierst, verzweifelst und du weinst,
du beugst dich der Gewalt.

Die Liebe, wo entschwand sie hin,
du merkst es war Betrug
und es wird schlimmer Tag für Tag,
weil er dich nur mehr schlug.

Du flüchtest, weil du schwächer bist,
du hältst es nicht mehr aus,
du suchst nach der Geborgenheit,
flüchtest ins Frauenhaus.

Dort bist du nun, suchst endlich Ruh,
die lang du nicht gefunden,
und heilst mit Menschen gleichen Leids
des Herzens tiefe Wunden.

Du hast fürs Leben nun gelernt,
dass Liebe schnell versiegt,
wenn man nicht Achtung, Körper-Geist,
dem Allerliebsten gibt.

Merk dir, dass Achtung vor dem Mensch,
im Ehebund viel nützt
und dass die Einheit, Körper-Geist,
vor solchem Schicksal schützt.

Stenogramm des Wahnsinns

September 2001
Falscher Fanatismus
Anführer der Al Kaida ... ein Wahnsinniger
Ein Terrorist ... Milliardär. Osama Bin Laden
Gesucht ...? Erringung sinnlosen Aufsehens
Ort der Handlung ... New York
World Trade Center
Washington DC ... Pentagon
Sinnloses Attentat
Unfassbares Leid
Wettlauf mit dem Tod
Tod vieler Unschuldiger
Wertvernichtung
Heillose Verzweiflung
Unschuldig leidende Kinder
Angst ... Panik ... Flucht
Wiederaufbau mit modernster Technologie
Zerstörerische Vergeltungsgedanken ...
Hass, Rache, Rache!
Völlig sinnlos!!!
Dezember 2001
Handeln aus Rache
President from the United States of America
Georg Bush ... auch ein Wahnsinniger???
Gesucht
Ein Terrorist ... Osama Bin Laden
Ort der Handlung ... Afghanistan
Vermeintlicher Asylgeber des Terroristen
Schmutziger Krieg
Totale Zerstörung
Flucht vor dem Tod
Tod unzähliger Unschuldiger

Wertvernichtung primitivster Behausungen
Heillose Verzweiflung
Unschuldig leidende Kinder
Angst ... Flucht ... Kälte ... Hunger ... Elend
Händischer Wiederaufbau der zertrümmerten Behausungen
Kampf ums nackte Überleben
Hass, Rache, Rache!
Völlig sinnlos!!!

Das Flüchtlingsboot

Das Schicksal hat es selbst bestimmt,
an welchem Ort dein Weg beginnt.
So wurden Menschen auserkoren,
weit weg in Afrika geboren.

Auch er ist Teil des Schöpfers Welt,
ihm fehlt der Frieden, Glück und Geld.
Ausbeutung, Armut, Krieg und Not,
kaum geboren, droht der Tod.

Mit mühsam angespartem Geld
sucht er verzweifelt eine Welt,
in der es ihm doch besser geht,
was jeder Menschenfreund versteht.

In der Verzweiflung liegt die Kraft,
er hat es bis ans Meer geschafft,
er kaufte sich in großer Not,
ein Ticket auf dem Flüchtlingsboot.

Das Boot, wo bringt es ihn nur hin,
die Hoffnung stärkt des Armen Sinn.
Wird er, am rettend' Festland stranden
oder doch im Jenseits landen?

Das eine ist jedoch gewiss,
die Flucht ein Rettungsanker ist,
als Perspektive in der Not
bleibt vorerst nur das Flüchtlingsboot.

Drum helfen wir doch alle mit,
dass er ihn schafft, den schweren Schritt.
Er ist allein, kein Heimatland,
helft mit und reicht ihm eure Hand.

Sinnlos

Sinnlos, dieses Völkermorden.
Sinnlos, all der schlimme Krieg.
Sinnlos, all das schwere Leiden,
sinnlos blutig, solch ein Sieg.

Menschenkörper hingeschlachtet,
sind Opfer falsch gelebter Macht.
Täglich führn uns solche Kriege
in des Todes finstre Nacht.

In die dunkle Nacht der Mächte,
die das Menschenrecht nicht sehn,
die, die Gleichheit, Menschenwürde,
nur missachten, nicht verstehn.

Tränenleere Mutteraugen
klagen an der Söhne Tod,
schwer umkämpftes Stück der Erde,
färbt durch Menschenblut sich rot.

Solch ein blutgetränkt' Stück Erde,
ist dies ein Menschenleben wert?
Dass man Solches achtlos opfert,
Leben, das dir nicht gehört?

Leben, ein Geschenk der Schöpfung,
ist als Solches wunderbar.
Nur Gott hat Recht es wegzunehmen,
weil's sein Geschenk der Schöpfung war.

Unschuldig gefallne Söhne,
hingerafft von Menschenhand,
klagen an, wann siegt das Gute,
wann siegt endlich der Verstand.

Freude, Liebe und auch Freiheit
erringen dann den schönsten Sieg,
wenn alle Mächte dieser Erde
endlich riefen:
Nie mehr Krieg!

Waffenruhe

Palästina, Staub und Schwüle,
drin im Herzen ist es kalt,
draußen Krieg, kein Menschenrecht,
es regiert die Kriegsgewalt.

Menschen werden hingeschlachtet,
wann werden sie denn endlich ruhn,
beenden dieses Machtgemetzel,
beenden sie dies mördrisch' Tun.

Immer wieder kann man lesen
Auge um Auge, Zahn um Zahn,
wann beendet wohl die Menschheit
diesen ausgesprochnen Wahn.

Warum kann der Mensch wohl reden,
hat ihm Gott die Stimm' geschenkt,
wenn er trotzdem nur am Schlachtfeld
blutrünstig das Schicksal lenkt.

Wer hat das Recht dies zu bestimmen,
wer in die Schlacht muss in den Tod?
Wer darf entscheiden, dass die Menschen
dadurch leiden große Not.

Männer wehrt euch, sagt den Mördern
endgultig die Treue ab.
Legt die Waffen in die Kammern,
ehrt des Letztgefallnen Grab.

Wann wird man endlich aus dem lernen,
was auf der Welt bis jetzt geschehn,
wann werden wohl die großen Mächte
auch des Menschen Recht verstehn.

Dieses Recht, in Frieden leben,
jedem Menschen Gutes tun,
Menschenrecht und Liebe geben,
alle Waffen würden ruhn.

Die Ausgewogenheit des Sommers

Ob heißer Luft und Sonnenstrahlen
der Schweiß dir in die Augen rinnt,
dein Antlitz zeigt schon Sorgenfalten,
weil bald ein Unwetter beginnt.

Es türmen sich Gewitterwolken
am Horizont bedrohlich auf.
Naturgewalt lässt sich nicht stoppen,
das Unwetter nimmt seinen Lauf.

Ähren kämpfen mit dem Sturme,
schwer beladen mit der Frucht,
stemmen sich mit Kraft entgegen,
kämpfen mit des Wetters Wucht.

Hagelschoten trommeln nieder,
der Halm neigt sich der Erde zu,
erst dann, wenn er gebrochen da liegt,
gibt der Sturm letztendlich Ruh'.

All die Arbeit, all die Mühe,
die Entbehrung, darf das sein?
Diese Ernte ist verloren,
du fühlst dich einsam und allein.

Doch die Scholle and'rer Felder,
die mit tiefer Frucht bestellt,
braucht ganz dringend diesen Regen,
dass deren Ernte gut ausfällt.

Was für das eine mag wohl schlecht sein,
ist für das andre sicher gut.
Darum beginn nicht zu verzweifeln,
vertrau auf Gott, er gibt dir Mut.

Denn, die Natur bringt immer wieder
sehr viel Freude, sehr viel Leid.
Lerne daraus, für uns wichtig
ist die Ausgewogenheit.

Der Wein

Am Tische sitz ich, voller Freud,
genieß den edlen Tropfen,
ich spüre nicht des Körpers Mahn,
mein Herz beginnt zu klopfen.

Erst pocht es stark, dann ganz normal,
teils hört es auf zu schlagen,
dies spür ich wohl und denke mir,
ein Glas werd ich noch wagen.

Jetzt ist es leer, das zweite Glas,
weg mit des Körpers Zeichen.
Der Leichtsinn nebelt mich nun ein,
mein Geist beginnt zu weichen.

Da ich die Zeichen nicht mehr spür',
hör ich auch auf zu denken.
Gesund bin ich, soll's anders sein,
ein Glas will ich noch trinken.

Das leer ich nun, viel schneller schon,
als all die Gläser vor dem,
mir fällt nicht auf, ich trunken bin
und lang schon nicht mehr vornehm.

Der Sprachschatz meiner Worte Wahl
ist nicht mehr Wort des Geistes,
bin nicht bei Sinnen meiner selbst,
besoffen bin ich, heißt es.

Hat sich der Wein denn dies verdient,
dass ich durch maßlos trinken
die Ursach' bin, dass er deshalb
zur Droge wird absinken.

Im Weine liegt die Wahrheit drin,
dies kann man sehr oft lesen.
Auch mancher Kranke ist durch ihn
und seine Kraft genesen.

Natürlich macht's die Menge aus,
des Weißen und des Roten,
wer übertrieben konsumiert,
zählt längst schon zu den Toten.

Herbst auf dem Land

Auf dem Felde, Staub und Schwüle
langsam durch die Lüfte zieh'n,
Nebelschwaden und auch Kühle,
sanft um deinen Körper weh'n.

Pflüge reißen auf den Boden,
der zuvor noch Früchte trug,
Eggen streifen ein den Samen,
schnell, behände, Zug um Zug.

Bäume zeigen in dem Lichte
der Herbstsonne ihr prächtig Kleid,
bunt bemalte Blätter sinken
in des Nebels Einsamkeit.

Vögel sammeln sich am Mast,
Schwalben, Stare, ganz verschieden,
halten einmal noch kurz Rast,
für den langen Weg nach Süden.

Ihr Gesang, der wird uns fehlen,
wird ersetzt durch Kräh'n Geschrei,
die Natur bringt neues Leben
und wird nie erschöpft dabei.

Erntedank wird nun gefeiert,
mit Gebet und Freudentanz,
gute Ernte ward bescheret,
Zufriedenheit gibt stillen Glanz.

Von dem Werk zerklüftet' Hände
falten fest sich zum Gebet,
Hoffnungsschimmer in den Augen,
ob es weiterhin gut geht?

In den Stuben spielen Kinder,
machen sich gemütlich breit,
endlich hat nach schwerer Arbeit
auch die Mutter für sie Zeit.

Knöppeln, sticken, stricken, singen,
lesen, tanzen, musizieren,
Brauchtum längst vergangner Jahre,
der lebt auf, man kann es spüren.

Nebelschwaden decken leise
die Gräber all der Toten zu,
die wir liebten und verehrten,
Herr, gib ihnen ew'ge Ruh.

Die Treibjaogd

Zur Herbstzeit, waonn die Nebel ziag'n.
siacht ma de Fasana fliagn,
und de Hasn und de Henna
siacht ma über d'Felder renna.
Sie suachen sich an sichern Ort,
rennan vor de Jaga fort.
Die Jägerschar, de dort verweilt,
de wird vom Jagdherrn eingeteilt.
Des ganze Hölzl ist umstellt,
als gab's nur Jaga auf der Welt.
Der Treiber „Reischl" ist dabei,
bei dieser lust'gen Jagarei.
De Treiber solln ins Hölzl renna
und aussa treibn Haohn, Haos' und Henna.
Dann wird ein Halali geblasen
und schon geht's los, de Jagd auf Hasen.
Kaum is a Wild draust aus dem Wald,
aus allen Büchsen wird draufknallt.
Der Jaogdhund is aso dressiert,
dass er des „Bleivieh" apportiert.
Und beim Traktor wird die Streckn
aufibunden auf an Steckn.
Plötzlich reißt's den Jaogdherr schier
und er geht a wen'g in'd Knia,
denn mitten in der Tiere Leiber,
da liegt ein angeschossner Treiber.
Der Jaogdherr schreit: „A bleds Malheur,
holt's ma sofort a Rettung her!"
De Rettung holt den armen Maonn,
fahrt ins Spital mit eahm sodaonn.
Er wird dort z'samm g'flickt, operiert,
ma woaß halt net, ob er nu wird.

Daweil dan d'Jaga diskutiern,
wia dieser Unfall konnt' passieren.
Doch des will i vorweg glei' nehma,
dabei is gar nix ausserkemma.
Drauf saogt der Jaogdherr: „I ruaf aon,
wia's eahm denn geht, den arman Maonn."
Da Jaogdherr meldt se, fraogt wia's geht
und wia's denn um den Treiber steht?
Dao saogt der Doktor: „Lieber Herr,
ich muß euch saog'n, der wird nicht mehr."
Drauf schreit der Jaogdherr: „Mir wird's z'bunt,
haobs't na verpfuscht, ihr bledn Hund."
Drauf saogt der Arzt in ruh'gem Ton:
„Jetz pass guat auf, mein lieber Sohn.
Die Schussverletzung war net schwer,
des waor nu lang net des Malheur.
Das Herz, die Leber, Nieren und Beuschl,
die habn gefehlt beim Treiber „Reischl".
Uns maocht's an Vorwurf, ihr habt's Nerven,
Ihr hätt's na net aufbrechen derfen."

Der Most

Ein gut' Getränk, landweit bekannt,
das wird bei uns Most genannt.
Es gibt an siaßn und an herben,
an Landlbirn kaonnst a erwerben,
doch wird der oft, und des ist mistig,
beim Trinken auch sehr hinterlistig.
Da sitz ma maol zur später Stunde,
gemütlich in der Mostdippler-Runde
und spürt zu seinem spät'ren Leiden,
im Baucherl drunt ein leichtes Schneiden.
Man denkt sich nix und bleibt nu picken
und haot beim Arsch ein plötzlichs Zwicken.
Nun, wer des Zwicken dann schon kennt,
der springt vom Tisch glei auf und rennt
hinaus, ganz schnell bei einer Tür,
zu einem Örtchen namens „Hier".
Und ist das Örtchen dann besetzt,
wird man nervös und ist entsetzt.
Und während drin der heftig drückt,
dass es ihm doch noch endlich glückt,
denkst du, ich werde nicht verzagen
und werde einen Leisen wagen?
Kaum ist heraußen dieser Wind,
es warm und langsam aobi rinnt.
Und aobi rinna tuat die Brüah
schön langsam bis zu deine Knia.
Dahaom sagst dann zu Frau und Kinder,
des Luaderg'siff war wieder g'schwinder.
Doch liebt ein jeder, der na g'kost,
die Landessäure, unsern Most. Prost!!!

Fehlschuss

Ein Jägersmann kommt in die Jahre,
da fehlen öfters mal die Haare,
kein Haar am Kopf, keine Matratze,
es spiegelt eine glatte Glatze.
Die Haare fehl'n dem Jägersmann,
wenn er sie sich nicht raufen kann,
denn Jägers Zeichen beim Fehlschuss
ist Haare raufen; zeigt Verdruss.
Daher kommt es am Hochstand vor,
dass öffnet er sein Hosentor,
dann kann auch er, hab ich erfahren,
beim Fehlschuss durch die Haar' sich fahren.

Der Bürstenstrich

Zwoa Jaga aus der grünen Au
haom aufgsitzt auf a wilde Sau.
Das Weidmanns Heil, was sie erhoffen,
gelang, de zwoa haobn wirklich troffen.
Hundertfuchzig Kilo oder mehr
hat d'Sau leicht g'haobt,
Bua, de waor schwer.
De Sau de müßns zan Auto ziagn
und dann zan Jaogdherr obi füahrn.
Da Dreck is eahn beim Arsch z'samm grunna,
Oa Jaga haot schon a weng g'spunna.
Dao kimmt a Kräuterweib daher
und saogt: „Was schinnts euch den so sehr?
Iah derfts, dass's leichter geht, des Viech
net ziagn geng na Bürstenstrich.
Verstehst, des werds jao do schaon kenna.
Sollts es beim Vorderhaxn nehma."
Oft geht des Kräuterweib davoan,
oa Jaga schaut den aondern aon,
daonn saogt der oan: „Wir werns probiern,
geht's leichter, wird ma des glei spürn."
Beim Vorderlauf haobns ziagn aongfaonga,
ja des is wirklich leichter gaonga.
Zogen haoms an eichtl schoan,
dao hebt da Naz zan Kebeln aon:
„Viel leichter geht's mim Bürstenstrich.
Hat umdraht g'hört des blede Viech!"
Des leichter geht, des is schon g'wiß,
doch oans genau so sicher is,
wir kemman, schau do z'ruck zan Ort,
allweil mehr von unser'm Auto fort.

Die Blinddarmoperation

Der Bua kummt hoam,
hat a wen'g Schiss,
im G'sicht hat er an echten Schmiss.
Auf Deutsch hoaßt des, in seiner Garde,
eine mit Schwert geritzte Narbe.
Der Vater fraogt in strengem Ton:
„Wo hast des her, mein lieber Sohn?"
Drauf saogt der Bua ganz ungeniert;
„Den Blinddarm haobm's ma operiert.
Und d'Narbe hab i rechts vom Kinn,
weil i in Freistadt g'legen bin.

Der Irrtum

Zwei junge Ärzte machten Pause
und aßen auf dem Gang eah' Jause.
Da ging a Patient vorbei,
der fiel glei auf durch d'Hatscherei.
Ganz krumm und bucklert ging er fort,
schaut stad und saogt koa oanzigs Wort.
Der oa' Arzt saogt: „Mein Freund, ich denke,
der hat rheumatische Gelenke."
Der Andre drauf: „Ich hätt' entschieden,
der hat bestimmt nur Hämorrhoiden."
De zwoa haob'm drauf, unkompliziert,
den Patienten kontaktiert.
„Mein Herr, entschulding's ganz bescheiden,
was ham den Sie nur für ein Leiden?
Der Kollege meinte, ganz entschieden,
Sie leiden stark an Hämorrhoiden.
Ich meine, nein, nun ja, ich denke,
Sie habn rheumatische Gelenke."
Drauf saogt der „Hatscher" ungeniert,
wir haob'n se alle drei geirrt.
„I wollt oan faohrn lassn, müaßt's wissen,
und hab mir drauf in d'Hosn g'schissen.

Die Bankenaufsicht

Im Kärntnerland, im schönen Süden,
da steht ein Bankhaus mit viel Prunk,
ein riesen Frack ward uns beschieden,
verursachte so manchen Stunk.

Die Bankenaufsicht fuhr nach Kärnten,
sie wollten alle Bücher sehn,
und trafen auf die Sekretärin
und gaben dies der zu verstehn.

Das Fräulein sagt: Ihr müsst's lei warten,
werde gleich schaun, wen ich erwisch,
denn einer ist bereits verstorben,
die andern Herrn sind grad bei Tisch."

Winterwald

Langsam schreit' ich auf dem Pfade,
atme kalte Waldluft ein,
Achte auf das Treiben im Walde,
durchs Geäst blitzt Sonnenschein.

Nur der Wind bewegt die Wipfel,
mancher Baum bedrohlich knarrt,
und ein Reh nach Futter suchend,
auf dem harten Boden scharrt.

Da beginnt es sanft zu schneien,
die Last der Äste wird nun schwer,
Kinderherzen sich erfreuen
an des Winters Wiederkehr.

Plötzlich Stille, nichts mehr regt sich,
Finsternis umhüllt die Flur,
kalter Wind bläst dir entgegen,
Schnee bedeckt ist die Natur.

Flocken wirbeln tanzend nieder,
sinken lautlos sanft herab,
machen aus der grünen Heide,
dicht bedeckt ein weißes Grab.

Keinen Vogel hörst du singen,
siehst kein Rotwild asen gehen,
hörst nur den Wind im Wipfel rauschen,
es ist, als blieb die Zeit nun stehn.

Zwischen Wolken, Sonnenstrahlen
winden sich durch das Geäst,
Schneekristalle hell erstrahlen,
ach, welch wunderschönes Fest.

Schneekristalle, wie sie funkelnd,
hell im Sonnenlicht erstrahlen
und auf Lichtungen im Walde
wunderbare Stimmung malen.

Nimm sie auf, die Stimmungsbilder,
präg sie dir für ewig ein,
dann wird Glück und auch die Freude,
fort weg dein Begleiter sein.

Wunschträume

Was gibt's denn viel schenas,
als waonn a Kind herzlich laocht
und den trostlosen Aolltag
zum Feiertaog maocht.

I denk mir des oft,
waonn i mit oan Kind g'müatlich red,
de Träume die's haobn,
san aolls aondre aols bled.

De Engerl sehns fliagn,
den Weihnaochtsmaonn faohrn,
wia er's Wunschbriaferl aobholt,
des graod g'schriebn haobn dahoam.

I glaub mit de Träume
bleibns glücklich und froh,
se gfrein si auf's Christkind
und recht is a so.

Die Freud ziagt ins Herz ein,
se haobn Hoffnung, san froh,
so leben's d'Adventzeit
und guat is a so.

Dass all des a Traum is,
des wissen wir heit,
doch den Traum zu zerstörn,
des is sicher net g'scheit.

Denn nur mehr zu werten,
waos kriag i denn g'schenkt,
haot mit da Weihnaocht nix z'toa,
wia ma i letztli denk.

Wir feiern de Weihnacht,
de Geburt unsres Herrn,
hoffen auf Liebe und Frieden
weltweit auf der Erdn.

Weihnachtszeit

In da Stubn is warm,
draust schneibt's, es is kalt,
die Reh graosn außa,
findn ka Fuada im Wald.

Jao, irgendwie is des
a ganz b'sondre Zeit,
de Kinder san unruhig,
d'Augn glänzen voll Freid.

Die Muatta tut hoamli,
da Vaota kimmt ham,
geht hoamli ins Zimmer,
schmückt festlich den Bam.

Die Kinder schaun außi,
sie suachan die Stern,
druckan d'Nasn ans Fenster,
weils 's Christkindl hearn.

Und hiazt sehng sis fliagn,
des himmlische Kind,
jao is des net herrlich,
wia da Traum vira kimmt.

Vergessen ist plötzlich,
die gaonz Not und die Plaog,
die Freid verdeckt alles,
a b'sonderer Taog.

Ja, Weihnachten is,
plötzlich hearn sie's ganz hell,
des Glöckerl im Zimmer,
Mama kim hiazt, ganz schnell.

Sie kemman ins Zimmer.
Der Christbaum erstahlt,
de Äst mit die Kerzn
an d'Wand Schatten malt.

Und Packerl san a dao,
mei, des is a Freid,
des Weihnachten is halt,
a ganz b'sondre Zeit.

Auf spat geht's in d'Mettn,
wir gedenken dem Herrn
und bitten dass's a next' Jahr,
friedliche Weihnachten werdn.

Das Friedenslicht

Bei so oan Kriag, da haun's all's z'samm,
bei Leut, die eh schon nichts mehr habn.
Und täglich hörst du's von der Welt,
wia d'Großmacht mit oan Mensch umgeht.
Des Friedenslicht von Bethlehem
des is symbolisch, sicher schön.
Doch von der Stätte der Gewalt
g'hörts nie und nimmer mehr a'gholt.
I glaub, des Liacht soll'ns von dort holn,
wo's Liab und Frieden Ehrfurcht zolln.
i wissert oan's, wohn in dem Laond,
weltweit wird's Österreich genannt.

Friedens- und Adventgebet

Mein Gott gib, dass alle Menschen
Gleichheit und Menschenrecht verstehn
und Liebe, Achtung und Verständnis
als Leitbild für ihr Leben sehn.

Gib auch den Schwachen Kraft und Stärke,
die ihnen jenen Weitblick gibt,
früh zu erkennen alle Schwächen
des Menschen, der sie wirklich liebt.

Führe die Eltern, jetzt und fortan,
dass sie beim Spiele-Einkauf denken
und Kindern nicht Kriegsspiel und Waffen
zum frohen Weihnachtsfeste schenken.

Lass es gelingen, was gute Menschen
sich längst schon wünschen auf der Welt,
dass, wenn du allgegenwärtig,
der Hass und Krieg wird abgestellt.

Eine ganz gewöhnliche Adventgeschichte

Eisig kalter Wind wehte durch die weihnachtlich geschmückten Straßen der Industriestadt.
Vorweihnachtliche Stimmung breitete sich überall aus.
Menschen aller Gesellschaftsklassen tummelten sich auf den Einkaufsstraßen.
Eiligen Schrittes hasteten sie von Geschäft zu Geschäft, um die letzten Geschenkeinkäufe zu erledigen.
So auch eine junge Frau aus gut bürgerlichen Verhältnissen.
Als sie etwas gedankenverloren durch die Einkaufsstraßen wanderte und überlegte, ob die von ihr getätigten Weihnachtseinkäufe auch den Vorstellungen der Beschenkten entsprechen werden, fiel ihr plötzlich ein junger, etwas verwahrlost aussehender Mann auf, der mit zittrigen Händen versuchte, sich im Schutze des aufgestellten Mantelkragens eine Zigarette anzuzünden.
Als es ihm endlich gelang den Glimmstängel zum Glosen zu bringen, sog er gierig den blauen Dunst der Zigarette in seine Lungen.
Die junge Frau wollte an ihm vorbeigehen, da trafen sich die Blicke der beiden und der junge Mann sprach sie mit rauchiger Stimme freundlich an:
„Entschuldigen's gnädige Frau, ham's net a paar Euro für mi? I hab so an Hunger."
Die junge Frau blieb stehen, betrachtete sein Gesicht und stellte fest, dass in seinen Augen Freundlichkeit aber auch der Hauch von Verzweiflung, gepaart mit geringer Hoffnung, zu erkennen war.
Übler Atemgeruch einer offensichtlich durchzechten Nacht weht ihr entgegen.
In all dieser kurzen Zeit gingen ihr Gedanken durch den Kopf, aus welchen Gründen immer mag wohl dieser junge Mann aus seiner Lebensbahn geworfen worden sein?
Ohne weiter nachzudenken antwortete sie:

„Euro gib i dir kane! Aber i lad di zum Würstelstand ein. Wanns'd magst."

„Hab i richtig g'hört?", fragte der junge Mann, „Sie laden mi auf Würsteln ein?"

„Ja", antwortete die junge Frau. „Weil des Geld, was i dir gebert, tatst sowieso wieder nur versaufen. Dazu ist dein Leben zu wertvoll."

Der junge Mann schaute sie ungläubig an, murmelte in seinen Mantelkragen:

„Entschuldigung, i komm gern mit", und folgte ihr.

Den kurzen Weg zum Würstelstand am Taubenmarkt ging er schweigend neben ihr her und sie bemerkte, wie er sie immer wieder mit scheuen, fragenden Blicken abtastete.

Vielleicht hätte er ihr gerne seine Lebensgeschichte erzählt. Aber er wollte sie offensichtlich nicht bedrängen.

Beim Würstelstand angelangt, fragte der Würstelmann:

„Was hätt' ma denn gern?" Um im gleichen Moment den verwahrlost aussehenden, jungen Mann anzufahren: „Und du schleich di!"

Die junge Frau blickte den Würstelmann an und sagte: „Wollen Sie uns nichts verkaufen? Dies ist mein Gast."

Der Würstelmann schluckte, wurde verlegen und fragte: „Sie zahl'n dem Würsteln?"

„Werd ich wohl tun müssen, weil Sie schenken sie ihm offensichtlich nicht", antwortete die junge Frau.

Kopfschüttelnd bediente sie der Würstelmann, während er immer wieder unverständliche Worte vor sich hinmurmelte.

Während dessen verzehrte der junge Mann bedächtig die ihm geschenkte Jause.

Er genoss es offensichtlich etwas Warmes zwischen die Zähne bekommen zu haben.

Als die Mahlzeit verzehrt und bezahlt war, ergriff der verwahrlost aussehende junge Mensch die Hände der hübschen Frau, drückte sie fest und aufrichtig und sagte klar und deutlich: „Danke, ein aufrichtiges Dankeschön, gnädige Frau."

Seine Augen bekamen einen verdächtig schimmernden Glanz als er sich mit den Worten verabschiedete: „I wünsch ihna a frohes Weihnachtsfest, a glückliches."

Dann verschwand er im Menschenstrom der dahin hastenden Mitmenschen.

Die junge Frau schaute ihm lange nach und dachte sich:

„Hast du die Freude und die Hoffnung in seinen Augen gesehen? Den Ausdruck der tiefen Dankbarkeit? Die Hoffnung und die Erkenntnis, dass es doch noch Menschen gibt, die nicht jeden aufgrund seines Aussehens ausgrenzen und vielleicht doch bereit sind, an seinem uns unbekannten Schicksal, zumindest mit kleinen Aufmerksamkeiten, Teil zu haben. So einfach ist es, Menschen, wenn auch nur mit kleinen Aufmerksamkeiten, eine große Freude zu bereiten."

Mit einem Schlag wurde ihr klar, dass die Wahl der von ihr eingekauften Geschenke zweitrangig und mit Gewissheit richtig war.

Dann ordnete sie sich selbst in den Menschenstrom der Einkaufenden ein und ließ sich von diesem voll von innerer Zufriedenheit durch die weihnachtlich geschmückte Einkaufsstraße treiben.

Da Nikolaus kimmt

In der Stadt rennan d'Leit,
sie hasten durch d'Straoß,
kaufn ein in de G'schäft,
als kost nix mehr waos.

Des Geld spielt koa Roll'n mehr,
es wird kauft, waos ma kaonn,
doch d'Adventzeit, de besinnlich',
de rennt uns davaon.

Jao is nur des Schenga
da wirkliche Sinn,
liegt net im Advent
waos viel Tieferes drinn?

So denk i oft z'ruck,
an die Kindheit von mir,
als Niklaus und Krampus
haom klopft bei der Tür.

Bei uns aufn Land
hab'm ma pflegt nu den Brau'(ch)
und gfeiert haom alle,
i woass nu genau.

Die Muata, wir Kinder,
allsamt haobm ma sie g'freit,
waonn da Nikolaus gredt haot,
waos guat und waos g'reut.

Daonn haot oft der Krampus
d'Ruatn gschwunga und knurrt,
z'mindest oan Wocha loang
habm ma nachher nu gspurt.

I glaub immer nu draon,
des gheart zan Advent,
dass ma Niklaus und Krampus
a heute noch kennt.

Strahlende Kinderaugen,
de Hoffnung, de Freid,
de haobn uns haolt eingstimmt,
auf de weihnachtlich Zeit.

I finds haolt net richtig,
dass ma den Traum nimma liebt
und im Kindergarten saogt,
dass koan Nikolaus gibt.

Angst ums G'fühl

Du aorbeitst und schuftest,
es belaost' die, es is hoaß,
oft tränen da d'Augen,
von da Stirn tropft der Schwoaß.

De Gedanken, de rennan
gaonz weit umadumm.
Du kaonnst das net faonga,
faost bringans di um.

De Pflicht muaß heut braocht werdn,
des muaß haolt so sein,
der Stress, der beengt die,
sperrt dei Weihnachtsgfühl ein.

Doch, aomal haoltst inna,
maochst die Augen kurz zua;
des Gfühl in dein Herz drin
is' nu dao, gibt koa Ruah.

Da denkst an d'Familie,
an den schen g'schmückten Baum,
g'spürst a Freud' in dir drinn,
für di' bleibst a Traum.

Für dich gibt's heut koa Christfest,
die Pflicht die verlangt's,
doch, dass ma des Gfühl a verliern kaonn,
um des haob i Aongst.

Jahresrückblick 2012

Es war turbulent, in jedem Land
Geldsorgen raubn uns den Verstand.
D'Finanzwirtschaftler überall,
die führten uns ins Jammertal.
Die haom mit allem spekuliert,
a so, dass's Geld faost wertlos wird.
D'Politiker gebn a koa Ruah
und geben eahnan Senf dazua,
sie haben sich, gaonz unverdrossen,
den Spekulanten angeschlossen.
De Gauner, die wir lang schon kennen
und die sich Lobbyisten nennen,
die streifen Provisionen ein,
des Steuerzahlers Geld, wie fein!
Das ist legal, des is gaonz graod,
weil's Geld ja eh koa Mascherl haot.
Wer recht viel sauft, ob Ochs und Kuah,
haot irgendwaonn auf einmal gnua.
Doch nicht die Lobbyisten heit,
de hamstern weiter, weit und breit.
Die Deckung dazua, kriagens von oben,
a solch's Verständnis kaonnst nur loben.
Die Mayas, als Volk wohl weltbekaonnt,
verbreiten Ängste hier im Laond,
sie erklärten, frisch und munter:
„Zwoatausendzwölf, de Welt geht unter."
Geschickte Kaufleut, haobn's so gschaofft,
haobn aus der Aongst Moneten g'maocht.
Historiker haobn Gott sei Daonk
der Mayas Zeichen wohl verkaonnt.

Die Wissenschaoft war leicht verwirrt,
die Götter hatten sich geirrt,
die Welt, sie sollt nicht untergehn,
was wir nur allzu gerne sehn.
Waonn wer waos lernat aus der Zeit,
wär's für die Menschheit recht a Freid.
Mi paockt die Aongst mit leichtem Graus,
naoch Besserung schauts gaor net aus,
es bleibt so, wias haolt immer waor,
drum wünsch i euch: A guats neichs Jaohr.

Vergesslichkeit

Drei alte Herren, rank und schlank,
saßen auf einer Gartenbank.
Da sagt der eine von den Alten:
„Wär schön, schleckend ein Eis zu halten."

Der zweite drauf: „Die Idee ist gut,
drei Gupferl bilden einen Hut."
Da seufzt der Dritte in die Stille:
„Erdbeer, Zitrone und Vanille."

Der erste sagt: „Ich werd's besorgen,
macht euch deswegen keine Sorgen."
Der Zweite blickt vom Boden auf,
und murmelt: „Schreib dir's lieber auf."

Drauf sagt der Erste: „Blöder Wicht,
meinst ich merk mir so was nicht?"
Und hat sich auf den Weg gemacht,
die andern beiden haben gelacht.

Zwei Stunden später, oh welch Glück,
da kam der Erste stolz zurück.
Drei Henderl, haltend in der Hand,
so kam er schnaufend angerannt.

Der Dritte sagt: „Das ist ein Hit,
sag nur, wo hast den die Pomfritt?"
Drauf sagt der Zweite ganz verstohlen:
„Du hätt'st dir's doch aufschreiben sollen."

Sandler Ball

Zwei Sandler auf der Straße standen
und Worte der Begrüßung fanden.
Da sagt der Kurze zu dem Langen:
„Am Sandler Ball bist abgegangen."
Der Lange sagt: „Ja, ich war krank,
heut geht es wieder, Gott sei Dank.
Sag wie ist den der Ball gewesen,
ich hab noch nichts davon gelesen."
Drauf sagt der Kurze: „Viele Leut,
mit Tombola, a echte Freud."
Drauf fragt der Lange, der belesen:
„Was ist der erste Preis gewesen?"
Der Kurze seufzt: „War wunderbar,
ein Arbeitsplatz fürs nächste Jahr."
Drauf fragt der Lange ganz besonnen:
„Ja super, wer hat denn gewonnen?"
„Wir haobn si nur die Haare grauft,
kein einzig's Los hab'n wir verkauft."
Sagt drauf der Kurze: „Da muasst spinna.
Wer will den schon a Arbeit g'winna?",
und murmelt weiter, „So eine Scheiße,
wer kauft ein Los, bei solche Preise?"

S'Kuckucksei vom Grasl-Bau'n

Vom Grasl-Bau'n da Bua, da Peda,
war fesch und in da Schul da Bleda.
Und d'Hackstock Nani, hiazt sei Wei',
is eahm nix naochg'standn dabei.
Blauäugig war er und strohblond,
a echter Hüne, wia James Bond.
Sie vollbusert, a flotte Biene,
mit blaue Augn, a Top-Blondine.
Er haot si stets sein Body g'steilt,
si haot si g'schminkt und d'Nägel g'feilt,
ganz klaor, dass dieses schöne Poar
im Bau'nkalender abildt woar.
Lest fort, in der Familiensaga,
daonn woaßt, da Peda waor a Jaga.
Des hoaßt, sei Leben war die Pirsch,
egal ob Fuchs, Bock, Goaß oda Hirsch.
A Pirschgaong, der waor selten fad,
und dauert haot er oft bis spat.
Vom Wirt kimmt er oft hoam mi'm Affen,
da haot sein Nani längst schon g'schlaofn.
Dann is der Peda Vaoda wordn,
die Freud wurd eahm ganz gach verdorbn,
weil Pedas Bua, sei ganza Stolz,
haot Haar und Augn wia Ebenholz.
Dem Peda läßt des gar koa Ruah,
er fraogt sie nur: „Wia ging des zua?"
Er traogt den Doktor, doch der Maonn
der schickt na glei zum Pfarrkaplan.
Der kennt den Peda schon laong g'nua
und woaß, der Teufel haut glei zua.
Nur redst mit eahm um d'Jagerei,
dann ist de Wut sofort vorbei.

Drumm saogt er ruhig: „Du, Grasl Peda,
du bist a Jaga, 's was a jeda.
Verstehst, du gehst in Wald auf d'Pirsch
und siagst ganz plötzlich einen Hirsch.
Du schaustn ao, suachst Schutz im Wald,
als plötzlich eine Büchse knallt.
Der Hirsch zuckt z'samm, wird kurz nu groß,
du woaßt, dein Schuß is nu im Schloss.
Waos war dao los, wia kann's des gebn,
wer hat dem Hirsch den Fangschuß gebn?"
Drauf saogt da Peda: „Des is eh kloar,
dass der Schuss von an Andern woar."
Der schwarz gelockte Pfarrkaplan,
faongt ganz verlegn zu lächeln aon,
Saogt liaba Freund, so woar's, ja mei …
beim Nanerl wird's so ähnlich sei.

Retourkutsche

Ja, überaoll wird davon g'redt,
wia guat's heit allen Menschen geht.
Doch trotzdem müass ma jetzt erfaohrn,
müssen auch Reiche plötzlich spaorn.

Ja, überaoll, in jedem Kreis
der Tüchtige zu sparen weiß.
Die Hausfrau kriagt vom besten Stück
an Gutschein gschenkt, oh welch ein Glück.

Zwanz'g Euro haot er ihr gach g'schenkt,
waos haot er se dabei nur denkt?
„A so a Geizhlaols!", haot sie g'murrt,
„für des haob i a Lebn laong g'spurrt."

Doch er saogt: „Schatz, des muasst verstehn,
du muasst des all's wirtschaftlich sehn.
Du brauchst nur zum Thalia laufen
und dir ein neues Kochbuch kaufen.

Hast du das Kochen daonn erlernt,
wird d'Köchin g'kündigt und entfernt.
Du siehst, ich zeig dir's, ich dein Mann,
wie man vernünftig sparen kann."

Sie denkt sich nur: „Waort liaba Maonn,
du wirst net z'gscheit, dir zag i's schoan."
Aols sei Geburtstaog stand ins Haus,
gab sie, ganz stolz, Dreihundert aus.

„Oh Schatz, ich wusst's, ich bin dir's wert,
so großzügig, wie lobenswert",
saogt hochgerührt der Gatte drauf,
doch sie saogt: „Liaba Maonn, pass auf:

Dreihundert Euro, de san schen,
mit de kaonnst ins Bordell du gehn,
und dort übst du das Liebesspiel,
Perfektion, ist dort dein Ziel.

Bist du perfekt, dann ist gewiss,
dass dies mein Beitrag zum Sparen is.
Dann brauchen wir, mein edler Herr,
bestimmt den Gärtner auch nicht mehr."

De Krieagsbekanntschaft

A Preuß wandert mit seiner Frau
auf eine hohe Alm,
dass er im Kriag dao a schaon waor,
is eahm rasch eingefaolln.

De Almhüttn, de is bewohnt,
da Senn sitzt in da Sonn,
und neben eahm a fescha Bursch,
er ist des Senners Sohn.

Dao saogt der Preuß: „Is stark hier ruf!
Jenauso wie im Krieg.
Dat war ein Marsch, Mensch Schnuckelchen,
dat is en wahrer Sieg."

„Was haot er gsaogt?", fraogt der alt Senn,
der schlecht hört, drauf sein Bua:
„Recht stark waors aufa, haot er gmoant,
haolt's Mäul und gib a Ruah."

„Ne Sennerin war hier herobn
mit wunderbarem Busen,
ik sage dir, ming Schnuckelchen,
mit der war herrlich schmusen."

Drauf fraogt der Senn: „Was haot er gsaogt?",
der Jung saogt mürrisch drauf:
„Die Muatta haot er ah nu kennt,
sei stad, hör's Fraogn auf."

Hätt blöda kumma kinna

A Stammtischrunde in oan Dörfel
is in da Gmoa grad a Begriff.
Da wird zerredet jede Kunde,
Skandale kriegen ihren Schliff.

Der Großhirn Franz, a neugscheids Mandl,
haot si seit Lebzeit lang draon gwöhnt,
dass er drauf saogt, waonn irgendwas gscheng is,
das des a blöda kumma könnt.

So a an einem Stammtischabend,
dao kam ins Wirtshaus der Gendarm
und saogt: „Wisst's eh, der Bleifuaß Seppl,
der kam vom Ausland heut schon ham.

Dawischt deswegn sei Weib, de Nani,
mit'm jungan Schanti in sein Bett,
nimmt d'Krachen und daschiaßt de Nani,
den Schanti und sie selbst, oh Gfrett."

Der Grosshirn Franz, der haot's kaum inna,
saogt glei: „Hätt blöda kumma kinna.
Af des derf i jao gaor net denga,
ich muaß nu glei a Viertl tringa."

Dao schreit glei af de Stammtischrunde:
„Du bist ja do a blöda Depp,
is tragisch gnua, de schlimme Kunde,
dei saublöds Gredat, schaumst di net!"

„Wieso?", saogt drauf der Großhirn Franzl,
„für mi wars anders a Malheur,
war er vorgestern schon hoam kumma,
daonn lebat i heut nimmer mehr."

Feurwehrauto und Wegmaocher

In jeder Gmoa im gaonzen Laond
san d'Wegmaocher bestimmt bekannt.
Genauso wia die Feuerwehr,
de dir stets hilft, hast a Malheur.
A Feuerwehr ohne Gerät
des wär heut nix, des wa saubled.
So haot de Politik bestimmt,
waos oll's so in a Zeughaus kimmt.
So steht in jedem Ferwehrhaus
ein Tanklöschfahrzeug, schaut guat aus.
Es ist schoa laong a aolter Huat,
da Motor, der bleibt ewig guat,
d' Karosserie, de laosst haolt nao,
der Händler, ist darüber froh.
D' Kilometerleistung is net viel,
des Auto wird vom Laongsteh' hi'.
Der Wegmaocha ist artverwaondt,
des haot de Wissenschaft erkaonnt,
denn beide gengan, 's muaß so sei',
vom laonga Stehn gaonz sicha ein.

Die nimmersatte Muschi

Ein Jäger in der Schenke saß,
seine Katze unterm Tische fraß.
Er hatte sich ein Bier geordert,
für d'Katz vierz'g Fleischlaberl gefordert.
Des Wirtes Miene sich erhellte,
weil er dasselbe nachbestellte.
„Lieber Herr Wirt, so bring er mir
vierz'g Fleischlaibchen, mit einem Bier."
Vergangen waren dreißig Minuten,
da musst' der Wirt sich wieder sputen,
die Katze hatte, ganz besessen,
die Fleischlaibchen, schon wieder g'fressen.
Dem Wirt ließ dieses keine Ruh,
wie gib's dies nur, wie geht das zu?
Ein jeder Mensch bestimmt versteht,
dass ein Jäger in das Wirtshaus geht.
Doch mit der Katze an der Hand,
das ist schon selten, allerhand.
Und noch dazu sehr selten ist,
dass so ein Vieh so gierig frisst.
Darauf sagt der Jäger leis und schlicht:
„Des war a ganz a blöde Gschicht.
Am Forstweg lag doch einst ein Froscherl,
ganz grün war dies, mit liebem Goscherl.
Ich nahm's und hab's ins Gras gesetzt,
da sprach's mich an, ich war entsetzt.
Wenn du mich küsst, oh Jagersmann,
drei Wünsch ich dir erfüllen kann.
Wünsche hab ich, deren drei,
darum küsst ich ihn, ich war so frei.
Und plötzlich stand, auf nacktem Fuß,
die Fee vor mir, in Top-Dessous.

Den ersten Wunsch, den ich genannt,
ein schönes Schloss am Waldesrand.
Am Ortsrand steht's, man sieht's von hier,
das, lieber Wirt, gehört jetzt mir.
Der zweite Wunsch war auch nicht klein,
dies muss ein schneller Porsche sein.
Da klatschte sie rasch in die Hände,
schon stand der Porsche am Gelände.
Als Drittes wollt ich, oh wie fein,
zum Kuscheln was, für mich allein.
A Katz, mit nimmersatter Muschi,
hat's was verwechselt, diese Tussi."

Die Lebensbeichte

Ein Wirt liegt bleich im Sterbebett,
es is zum Aobschied nehma,
sei Weiberl haolt eahm zaort sei Haond,
dao faongt er aon zu flenna.

Er saogt gaonz leis zu seiner Frau:
„Horch her, mei liabe Nani,
woasst das nu, de Buserte,
de Freundin von dem Ami?"

„Jao, Jaoo, bleib liegn und sei schön ruhig
und maoch da hiazt nix draus,
des zaohlt se in de letzten Stund
hiazt gaonz und gaor net aus."

„Jao und de fesche Schweizerin,
de mit de Gugascheckn …"
„Geh Maonn, sei stad und sei schön ruhig
und tua die hiazt nit schreckn."

„De Blonde dao, von Hamburg drobn,
waor a dao ohne Maonn,
i waor haolt a gern hilfsbereit
waonn i wo helfen kaonn."

„Bevor i stirb", saogt aoft der Maonn,
„möcht d'Sünden i dir saogn.
Mit aoll de feschen Weiberleit
haob i di oft betrogn."

„Jao, moanst leicht du, des woaß i net",
soagt d'Wirtin leicht genervt.
„Wei deswegn haob i di vergift,
du Lump, dass d'sterbn derfst."

Die gute Naochbarschaoft

Der Huaber-Bauer und sei Freund
haobn si beim Wirtn troffn,
haobn g'schappslt und viel diskutiert
und etla Haolbe g'soffn.

Dao saogt da Huaber zu sein Freund:
„Du, d'Res mei Kuah is kraonk,
de frisst nix mehr und sauft nix mehr,
jao baold oan Wocha laong."

Verzweifelt fraogt er: „Du mei Freund,
waos haost den du z'naxt taon.
wia dei Kuah kraonk waor, z'naxt amaol,
i haob waos g'heart davaon."

Drauf saogt sei Freund: „Du Huaber-Bau',
i haob ihr Diesel gebn
zu saufen jeden Taog auf d' Naocht,
der haot beschleunigt's Lebn."

„Schen Daonk, dao geh i hiazt glei hoam,
gib des da Kuah zum saufn.
Oan Kanister haob i nu dahoam,
den Rest werd i glei kaufn."

Zwoa Wocha später haobn si daonn
de Zwoa glei wieda troffn,
Da Huaber-Bau' schaut traurig drein,
weil d' Kuah haot Diesel gsoffn.

Doch gsund wordn is des Rindviech net,
umsunst waor de gaonze Plaog.
„Wia gehts den deiner Kuah denn hiazt?
Entschuldige de Fraog."

Drauf saogt der Freund mit list'gem Blick:
„Mei Kuah is a net wordn,
de is a an dem bledn Gsief,
dem Diesel, z'naxt gach gstorbn."

Die G'schicht vom Bärenjäger

Willst Braunbärn du gaonz nahe sehn,
daonn muasst nach Kannada,
waonn d'Lachse zu de Laichplätz ziagn,
dao siagst da's aoft gaonz nah.

So traf ein stolzer Jägersmann
auf einen mordsdrum Bär,
drei Meter war der Teufel hoch,
so steht's in dieser Mär.

Der Jaga zielt mit seine Büx
auf dieses Riesentier,
dao faongt des Viech zan Reden an,
des kam eahm spanisch viar.

„I bin nur hungrig, Jägersmann,
i will nur Lachse fressen."
„Mi friert", saogt drauf da Jaga glei,
„hätt gern an Pelz besessen."

„Komm laoß uns redn, diskutiern",
saogt drauf der große Bär,
„zwoa Wege oft zum Ziele führn,
setz aob des scharfe G'wehr.

Kumm in mei Höhle, red ma's aus
Und sei auch dort mei Gaost,
vielleicht haob i dann des für di,
waos du ersehnt dir haost?"

Naoch einer Stund waor's daonn soweit,
sie haom si aorangiert,
der Bär, der haot koan Hunger mehr,
der Jaga nimma friert.

Des „Gummihaidl"

Am Berg dao sturmd's und regnet's stark,
es pfeift draust ein Orkan,
zwoa Bergführer tan Kartenspieln,
hebn zan Erzählen an.

Da Michl saogt zan Much, sein Freind
„Du, Sportsfreund, hear guat zua,
haost d' englisch Lady a z'naxt g'füahrt,
de war a fesche Kuah."

„Ja, ja", saogt der, „mei, de waor fesch,
a zünftig's Weiberleit,
i tät haolt saogn, des Vaoters Su
haot ghaobt a recht a Freid."

„Aha, dao haost a eppa du
a Gspusi ghaobt mit ihr.
Haots eh a Heidl drüber toan,
genauso wia bei mir?"

„Ja freili haots aons drüberzogn,
des gheart, dass nix passiert,
und dass d' koa blede Krankheit kriagst,
dass die nit infesziert."

Da Michl is schon ganz nervös
und hebt zan Fraogn an,
mir san zwoa Freund, wir kinnan redn,
so recht von Mann zu Mann.

„Waos druckt di denn, du Haderlump,
ich kaonn das do ansehng,
dir fehlt do was, spucks aussa g'schwind,
waos is denn leicht nur gschehng?"

„Drei Taog lang haob ich schon an Druck,
kaonn nit wischeln, liaba Maonn,
ich möchte die fraogn, ob ma de Haut,
schon aoba gebn kaonn?"

Des Missverständnis beim Doktor

Der Huaber-Bau', a lust'ger G'sell,
der haot zum Doktor müaßen,
de Aorbeit haot na schoan krump g'maocht,
verlaossn tan na d'Füassn.

Da Doktor fraogt: „Mei Freund, waos haost?"
Drauf saogt der Huaber-Bau':
„I hoab a Häusl beim schen Stoan,
wohn dort mit meiner Frau."

„Na, na", saogt drauf der junge Aorzt,
„des passt so auf der Welt,
will neta wiss'n, waos du haost,
waos dir so quasi fehlt."

Drauf soagt der Huaber: „Liaber Herr,
ans Mahn brauch i net denga,
du kaonnst am aoba, wannst das willst,
an Motormäher schenga."

„Na, na, geh Huaber", saogt der Aorzt,
„hiazt sei net so bescheidn,
i will graod wissen waos da fehlt,
waos haost den für a Leidn?"

„Ja mei", saogt drauf der Huaber Bua,
„de haob i, mein Gott freili,
de is recht stoanig, schwer zum Mahn,
a Leitn, gaonz a steile."

Der Stammtisch

Am Sonntag nachn Kircha geh,
siacht ma de Leit am Vorplatz steh.
Manches Problem muaß sehr pressiern,
drum muaß ma's länger diskutiern.
Zu dem wird dann ins Wirtshaus ganga,
denn dort kannst stilln du a dein Plange.
Beim Bier und a beim Achterl Wein,
da fällt dir ja viel mehr noch ein.
Beim Stammtisch, so wia überall,
redn d'Maonda wia a Wasserfall.
Da kann ma heftigst diskutiern
und d'Schädln fangen an zan glüahn.
Der oan' hat nix, der oan' hat's größer,
der oan' is g'scheit, der oan' woaß's besser.
Kurz um, es is a rechte Freud,
wanns'd g'spürst, wia d'Leut werdn richtig gscheit.
A jeder sitzt, und des is g'wiss,
am Platz, der nur sein Stammplatz is.
Und wann dort mal a andrer sitzt,
dann wird er sicher angespitzt.
De Runde, des san lauter Leut,
de haobn am Vormittag leicht Zeit.
Denn oans is g'wiß, wa sonst zum Laocha,
dahoam muaß eh des Weiberl kocha.
Da Postmoasta, a netter Herr,
sitzt nebn dem G'meindesekretär,
daneben sitzt a ältrer Greis,
da Förster, dessen Haar san weiß.
Und dann sitzt da ein Prokurist,
der lang Betriebsrat g'wesen ist.
Knapp neben dem, der Gärtnermoasta,
mit'm Spitznam kurz, „Schnittlauch" hoast a.

Drauf folgt a fescher junger Herr,
der Kommandant der Feuerwehr.
Daneben sitzn Arm an Arm
Alt-Kommandant und Alt-Gendarm.
Der größte Bauer von dem Ort
sitzt a nu broat und mächtig dort.
Und dann der Feiler von der Sag',
denn sowieso a jeder mag.
Den Kroas schliaßt oft a kloana Foasta,
bekannt ist er als Orts-Baumoasta.
Ja, glei wird heftig diskutiert,
ob's Erdöl wieda teurer wird,
ob der Benzin für de Kaleschen,
wird wieda in die Höhe kleschen,
kurzum, es liegt sehr „tiefer Sinn"
in den Diskussionen drinn'.
Der Konsulent aus der Kultur,
der hockt se' schließlich a dazua,
weil oan's, des tuat er allzu gern,
a wen'g ins Fuaßvolk einihearn.
Denn sicherlich is oans bestimmt,
manch Top-Idee vom Stammtisch kimmt.
Manche Person aus Politik,
hätt' Spürsinn und auch viel Geschick,
wenn se sich ohne Angst und Bürde,
zum Stammtisch zuwi sitzn würde.
Denn dann hätt's Ohr beim Volke wieda,
des wär uns alle samt net z'wieda.
Und plötzlich würd' ma alle g'spüarn,
sie täten menschlicher regiern.

Der Schneck im Naosnloch

Handwerker san liabe Leit,
san hilfsbereit zu jeder Zeit.
Sie san auch täglich stets bemüht,
dass d'Landschaft sehr gepflegt aussieht.
De Leit, de san ja weit bekannt,
werd'n kurz de Wegmaocha genaonnt.
Zu eanan Lebn g'heart dazua,
dass werkan schoan in aoller Fruah.
Sie scheun net Mühe und kao Plaog,
bewegen sich aon gaonzen Taog.
Wird's Weda waorm, is Weda schen,
daonn siagst bei jedem Eck aon stehn.
Doch der Beruf, ih saogs gaonz ehrlich,
is hin und wieda sehr gefährlich.
Oan Wergmaocha war faost dastickt,
in da Naosn drinn haot eahm waos zwickt.
Da is eahm gach da Schiach aufkemma,
haot nimma richtig schnaufen kinna.
Dao is er glei zan Dokta grennt,
ob er helfn koa, und d'Ursaoch kennt.
Da Dokta schasut in d'Naosn nei,
dao steckt a Schneckk, wia kaonn des sei?
Drauf saogt der Wegmaocha verschmitzt:
„De Ursaoch, dass da Schneck drinn sitzt,
der is ma, jao des is net gfàult,
übern Schaufelstiel in d'Naosn gräult."

Der Leichenschmaus

Drei Monat waor der Lois beim Bau'n,
am Berg drobn als Knecht,
daonn is er plötzlich z'ruck kemma,
es waor eahm waos nit recht.

Da Burgermoasta fraogt den Lois:
„Warum bist hiazt schao dao?"
„Des haot sei Ursaoch, liaba Maonn,
i saog das, i bin froh.

Am ersten Taog is d'Sau krepiert,
gab's Erdäpfle und Reis,
und jeden Taog gabs von der Sau
a Pröckerl Schweinefleisch.

Daonn krepiert der alte Gaul,
der waor sehr alt und dürr,
und jeden Taog gab's Pferdefleisch,
da wirst du jao do ganz irr."

„Jao, isst leicht du kein Fleischprodukt?",
fraogt drauf der Bürgermoasta,
„bist leicht a Vegetaria,
ein Pflanzenfresser hoasst a?"

„Na, des waors nit", saogt drauf der Lois,
„d'Großmuata stirbt graod z'Haus
und waonn i de a nu fressen müasst,
des haolt selbst i net aus."

Der Kieferbruch

Da Hoackstock Lois,
der haot a Weib.
Jao höllschneid, 's glaubst net, freili,
des waor a böses grantlerts Weib,
kurz g'saogt, a echt' Kannalie.
Beim Holzmaocha haot er ganz kurz
verschnauft und dauni g'sessn,
daonn hat si plärrt: „Waonnst heit nix tuast,
daonn kriagst a nix zan fress'n."
„Ja, Ja", saogt er, „i gehs glei aon,
i muaß amaol verschnaufn,
des Holz waos i dao maocha soll,
des is a mordsdrum Haufn."
Daonn haot er voller Wut mit Wucht
auf d Èichen-Scheiter troschen.
Oa Scheit faohrt aus und haot den Lois
voll in da Fotzn troffn.
Er schreit: „Geh Alte, hilf ma g'schwind,
des is hiazt net zan Laocha,
i haob ma mit dem bledn Scheit,
hiazt prompt mei Kiefer brocha."
„Weilst patschert bist, du bleda Lapp,
waos solln ma denn hiazt toa?
in d'Klinik faohr ma glei nao Linz,
is gscheit so, wia i moa."
Oft san de Zwoa zan Zug oi grennt
und san daonn mit der Baohn
zan Doktor eini ins Spital,
ob der wohl helfen kaonn.

Im Zug dao mermelts nu dahin,
wie bled er tuat, da Lois,
er denkt si nur: „Des tuat so weh,
ersticken sollts im Haols."
Naoch kurzer Zeit is aufgstaondn
und wär aufs Heisl gaonga,
hat prompt de g'fählde Tüar dawischt,
da hats da Fahrtwind gfaonga.
Wild g'haxlt haots und narrisch g'schrian,
der Sog, der lasst net naoch,
haot ausg'schaut wia waonn d'Hexn fliagn,
oft tuscht sis in an Baoch.
A junger Weana haot des gsehng,
saogt: „Naochbar, haost des gneist,
dei Weib is aus dem Zug raus gfaolln,
dass'd hiazt allaone reist."
Drauf saogt der Lois:
„Mei liaba Freund,
i haob ma's Kiefer brocha,
des tuat so weh,
drumm kaonn i hiazt
a gaonz und gar net laocha."

Der Burgfrau Lied

Ein Graf ließ einst im Donauland
ein prächtig' Schloss erbauen,
von dem man in das weite Land
und in die Fern konnt' schauen.
Er wohnte dort mit seinem Weib,
die unschön anzusehn,
dass in ihm mancher Groll erwuchs,
dies konnt' man leicht verstehn.
Das Singen war die Leidenschaft,
die sie mit Freud erlebte,
und ob der schrillen Tonfrequenz
der Schlossturm oft erbebte.
Der Körper dürr,
der Hals war lang
und es klang grässlich, wenn sie sang.
Da zielte er durch Korn und Kimme
voll Wut auf sie,
das war das Schlimme,
es machte bumm,
natürlich lauter,
da fällt sie um,
zum Himmel schaut er,
die Augen hat er voll Gewässer,
vielleicht singt jetzt da droben besser.

Der verhinderte Selbstmörder

In oana Gaststubn sitzt a Maonn,
der starrt sei' volles Bierglas oan.
Und während er so hin sinniert,
des Bier im Glas net wenger wird.
Oan Stund lang sitzt der Mann schoa dao,
vom vollen Bier geht gar nix ao.
Dann schaut er in a Zeitung nei
und lasst de Halbe, Halbe sei.
A andrer Gast hat's Bier stehn g'seng
und hat si g'saogt: „I hilf a weng'."
Und nach und nach, ja wirkli' waor,
is d'Halbe a auf oanmal gaor.
Ja, als graod weg, der letzte Schluck,
gab sich der noble Herr an Ruck,
legt Zeitung weg, mit viel Geschick
und saogt mit traurig, festem Blick:
„Des is heut wirklich net mei Taog,
weil's Schicksal mi heut gaor net maog.
Dreimal, des muaßt da oanmal gebn,
wollt' i mir nehma heut mei' Lebn.
Z'erst sollt der Zug mir's Lebn nehma,
doch der is dann am Nebngleis kemma.
Drauf wollt' i hänga, des muaßt wissen,
dabei is mir da Strick ao'grissn.
Mi'm Gift, dao war's ma sicha g'lunga,
jetzt haost ma du des Bier austrunga."

De Gmoaratsitzung

In oana Gmoa, da hams net gwißt,
was toan solln mit dem ganzen Mist.
Der Unrat wird zur echten Plag,
drumm muaß des klärn, der Gmeinderat.
Der Buagamoasta hat bestimmt,
dass des auf d'Tagesordnung kimmt.
Der Ausschussobmann, der hebt an
z'erklärn, wia ma des lösen kann.
Wir holn se drenten aus Ardagger
vom Moahofer ein großen Bagger.
Mit dem grabn ma a große Gruab,
in Mist drauf eini, des war guat.
Und daß dann nacher neamt kimmt drauf,
schiabn ma a wenig a Erden auf.
Da sagt a Bau', a kloana, feister,
in diesem Ort der Bürgermeister:
„Des is net g'scheit, des kann nix werden,
was tan ma mit der restlich' Erden?"
Drauf sagt der Vize: „I woaß besser,
dann maoch ma d'Gruabn einfach größer."

De alte Stell'

So, wias im Leben jeden geht,
des Lebensrad sich rasend dreht.
So feierte ein Jubelpaar
Diamanten-Hochzeit, sechzig Jahr.

Sechz'g Jahr laong, san de zwoa banaond,
haom Krisen g'schaofft mit viel Verstaond.
Familie g'ründt und haom im Lebn,
da Liab und Treu den Vorzug gebn.

Sie feierten den gaonzen Taog,
auf d'Naocht warns müad von dera Plaog.
Und wia se daonn ins Bett san gaonga,
haot er verschmitzt zan redn aongfaonga:

„Erinnerst die nu an die Zeit,
als uns da Sex haot a nu gfreit,
du Schatzerl ha, des war nit fad,
waonn ma de Zeit hiazt z'ruck drahn tat.

Vielleicht kunt ma's nu maol probiern,
vielleicht kaonnst du mi nu verführn."
„Jo mei", saogt sie, „mei liaba Maonn,
i moan haolt schoa, dass i des kaonn.

Doch pass guat auf, im Kreuz haobs i,
net dass i naochand kreuzlaohm bi."
„Guat, dass'd des saogst", haot er leis gfluacht,
„i hätt's hiazt gaonz wo aonders g'suacht."

De Verkehrskontrolle

Mi'm Auto fahrt a Bau' in d'Stadt,
weil do da Motor eppa's haot.
Oan Polizist am Straßenrand
dem war der Bauer net bekannt.
Er hielt ihn auf, so auf die Schnelle
und wachelt mit der roten Kelle.
Der Bauer fragt, was er denn wolle?
„Papiere und Fahrzeugkontrolle",
knurrt grantig drauf der Polizist,
„muaß schaun, ob all's in Odnung ist."
„Des kannst leicht haobm", sagt der Bau'
und schaut den Kapplständer au.
„Des passt ganz guat, des passt schen z'samm,
da kannst a glei beim Öl nachschaun."

De Saufkumpanen

Der Huber Naz haot g'stillt sein Blaonga,
sei Rausch, der waor haolt graot net kloa.
Da Maogn is eahm übergaonga
und gschmissn haots na über d'Stoan.
So kimmt er hoam, der bsoffne Lackl,
sei Aolte pfaucht na grimmig aon:
„Du haost di aongspiebm, du aolts Fackl,
des is zan schauma liaba Maonn."
„Net i!", saogt draf der Huber Nazl,
„haob aon gspiebm mi, des is net waor,
des waor mei Freind, der Schnepfn Kaorl,
der stockbesoffne blede Naorr."
Dann haot er si vom Gwaond entledigt,
is nackat untern Tuchend nei,
haot gschnaorcht, aols ob a Saubär predigt,
gaoz selig schläft der Weli ei.
Am nächsten Taog saogt daonn sei Aolte:
„Du, hiazt los af und hear guat zua,
der haot dir ah in d'Hosn gschissn,
von solcher Freindschaoft hät ich gnua."

De Kuah

Zwoa Bau'n besuchten einst ein Feste
in Wels, des Volksfest is des gwen,
vom Braunvieh sah man nur das Beste,
a jiade Kuah waor guat und schen.
Dao saogt der Hans: „Ich bi verzweifelt,
i haob a Kuah, de frisst und sauft
und scheißt an so an großen Haufen,
dass neahmt mehr mir den Mist aokauft.
Und dass koa Michl mehr gibt des Rindviech,
des is für mi a groß' Malheur,
i kann des Viech mir nimma leisten,
i gib die Milchkua sicha her."
Drauf saogt da Sepp: „Jao, jao, des kenn i,
de Kuah, de is von Gramastetn."
„Wia woasst denn des?", saogt drauf der Hansl.
„Mei Weib is a von dortn gwen."

De Golfer

Der Frühling, des is jene Zeit,
auf die sich jeder Golfer g'freit.
Da Winter haot's gaonz steif gemaocht,
dass jed's Gelenk verdächtig kraocht.
So rennan haolt de sportlich' Leit
am Golfplaotz Runden zu der Zeit.
Am Donauclub, dao san zwoa gaonga,
haobn faochmännisch zan redn aongfaonga.
G'rengt haots, jao haupt viel gnua,
und des schoa heftig seit da Fruah.
Dao sehng's, wia am Teich oa Fischer steht,
der ungestört sein Draong naoch geht,
um einen guaten Fisch zu faonga,
um zu stilln sein staorken Plaonga.
Dao saogt da Golfer: „Liaba Maon,
schaut da do den Deppn aon.
Jao schau dan ao, den bledn Hund,
bei so an Weda, is des g'sund?
Des Oanzig waos er heit nu faongt,
des is a Grip, waonns haolbwegs glaongt.
Bei so an Weda geht der fischn,
der kaonn doch heit dao nix da wischn,
wia kaonn ma nur, des muasst vastehn,
bei so an Weda fischn gehn."

„De Gaostjaogd"

Vier Jaga fuhren ins Revier
nach Böhmenland, aols Gäst,
a Wildsau sollten sie erlegen,
fürs abendliche Fest.
Sie trennten sich beim Waldesrand
und pirschten ins Revier,
und ausgmaocht habns, se treffen sich,
jao, spätestens um vier.

Um viere waorn's daonn aoll banaond
und haobn daonn duri zählt,
haobn festgstellt, dass graod Drei nur sand
und daher Oana fehlt.
Der Jaogdherr saogt zan Förster: „Du,
geh eini, schiaß a maol,
vielleicht haot er si wo verrent,
dass er leichter find ins Taol."

Da Förster geht ins Unterholz, schiaßt,
waort a halbe Stund,
daonn kimmt er, saogt: „Der meldt si net,
des is a bleda Hund."
„Geh eini", saogt der Jaogdherr drauf,
„und schiaß haolt nu a maol,
daonn findt er sicha her zu uns
in diese schöne Taol."

Der Förster geht nun wiederum
und schiaßt dort drinn im Waold.
Doch neahmt meldt und riahrt si drauf,
hiazt wird eahm laongsam kalt.
Ja, wir er z'ruck zan Jaogdherr kimmt,
saogt der: „So geht des net.
Geh eini nu zan letzten Schuss,
hilfts waos, sonst is er z'bled."

Der Förster heart dem Jaogdherrn zua
und saogt nach oana Weil:
„Kaonn nimma schiaßn, edler Herr,
erst waors da letzte Pfeil."

Die Biologieprüfung

Jao, schoan seit ewig laonger Zeit
gengan's studiern de junga Leit.
Auf d'Uni drunt in Wean wiad groast,
damits waos Wissenschaoftlichs waost.
Da Franzl is zua Prüfung gaonga,
haot mit de Herrn zan Redn aon gfaonga.
Er waor si sicha, das waos wird,
so haot der Franzl dort brilliert.
Da Prüfer, des waor a Professer,
oa so genaonnter Schülerfresser,
waonn den sei Aolte haot segiert,
daonn haot des b'stimmt da Prüflling g'spüart.
Auf oamaol schaut der aolte Moann
den Prüfling übern Brillnraond aon,
greift in a Glasl mit de Händ,
ziagt aussa waos, des ma kaum kennt.
Und saogt: „Mein lieber junger Mann,
jetzt schaun Sie sich dies Relikt an,
und sagen mir, jetzt bitte sehr,
von welchem Tier stammt denn dies her?"
Dem Franzl is de Faorb ao grennt,
des Trum dao haot er gaor net kennt.
Und saogt: „Jao mei Gott, des is schwa,
jao is denn net der Korpus da?
Es tut mir Leid, mein lieber Herr,
des woas i net, des is ma z'schwer."
Drauf saogt der aolte Schülerfresser:
„Dann lerne was, dann kannst du's besser.
Mein lieber Herr, in sechzig Tagen,
werd ich Sie wieder neu befragen,
und seh Sie wieder, lieber Herr,
ich hoff Sie lernen, bitte sehr.

Wenn sie mir noch ihren Namen sagen,
damit ich kann die Fünf eintragen."
Da Franzl schaut den Prüfer aon,
und denkt si: „Waort mei liaba Maonn."
Er stülpt si d'Hosn über d'Knia,
da weiße Haxn, der schaut via,
saogt: „Herr Professor, bitte sehr,
für Sie ist dies bestimmt nicht schwer,
sie sehn den Haxn dao, den weißen,
nun frag ich Sie, wie werd ich heißen?"

Des Fernglas

Da Hockstock Franz mi'm Grasl Peta,
de saßn z'naxt beim Wirtn z'samm,
weil's Jaga san, so woaß a jeda,
dass sicher waos zan ratschn haobn.
Nach zwoa, drei Viertl diskutiern's,
welch Fernglas is des besser,
mit demst a siachst, waonns finster is,
und des ganz scharf und gresser.
Der Hackstock Franz saogt: „Des is g'wiss,
Hitachi hoaßt des Glasl,
dass des nu mal des besser is,
muaßt wissen, Peter Grasl."
Da Peta saogt: „Geh, red koan Schmaorrn,
des Zeis, des is viel besser,
da siagst grad all's, ah in da Naocht,
ganz scharf und a viel gresser."
„Geh red koan Bledsinn", saogt der Franz,
„haost haolbwegs guate Augn,
dann siagst blos mi'm Hitachi waos,
des muaß da förmli taugn."
„Bei dir is wurscht, wost durischaust",
saogt drauf der Grasl Peda,
„beim Schiaßn bist a blinder Hund,
sei stad, des woaß a jeder."
„He, hiazt is gnua, i haob die g'seng
am Donnerstag beim Bachl,
oan Filzhuat haost am Schedl g'haobt,
als Umhang oan grean Flachl.

Oan Weiberleit waor a bei dir,
am Hochstand drobn sats g'sessn,
am Liabsten hättst des busert Weib
mit Händ und Füaß glei g'fressn."
Da Grasl Peda lächelt nur,
saogt: „Franz, des oan is kloar,
mi'm Zeisglasl da hätts das kennt,
dass de dei Alte waor."

Da Jaga Simmerl

Der Jaga Simmerl, ortsbekannt,
der hatte einen Adjudant;
der konnte, des is net zan loacha,
perfekt a Tierstimm naochi maocha.
Z'naxt is er mit ins Hölzl gaonga,
haot bei oan Loch glei 's Belln aongfaonga.
Drauf kommt der Fuchs prompt aus der Höhle,
da Simmerl nimmt sein Büchs, auf d' Schnelle,
schaut aon und haot den Fangschuss geben
und ausradiert des Fuchses Leben.
Oan Eichtl sans aoft weiter gaonga,
dao haot er wieda's Belln aongfaonga.
Der Höhlnbewohner rennt in Flachs,
da Simmerl schiaßt,
es fällt ein Dachs.
Z'letzt sans zu oana Lucka kumma,
von drinn heart ma oa tiefes Brumma.
Da Simmerl saogt: „In de groß' Reahn,
dao müaß ma aolli zwoa nei plearn."
San eini ganga a paor Schriat,
haom bellt, oft haots da Zug dafüart."

PS: De Jaga haom späta a Materl aufgstellt und auf dem is gstaondn:

Hier starben Simmerl und der Naz,
waorn jung und fesch;
Jetzt sans a Patz.

Der gsunde Darm

Da Naz geht zum Dokta
und klaogt eahm sei Leid,
dass si sei Darm gaonz entleert,
jeden Taog zur gleich' Zeit.

Da Dokta saogt drauf:
„Dao tua da nix aon,
waonn d'Verdauung so hinhaut,
bist g'sund liaba Maonn."

„Des kaonn wohl net sei'",
saogt da Naz naochand drauf,
„da Darm leert si um viere
und i waoch um sechse erst auf."

Da Wöllerne

Ein Preuß, der haot einst Urlaub g'macht,
im schön' Tirolerland,
ging Bergsteign mit an Bergführer,
genoss das schöne Land.
Der hohen Gipfel sah er viel',
er war ganz fasziniert
und wissbegierig fragte er,
wie der genannt wohl wird.
Der Bergführer schaute kurz auf
und fraogt: „Da Wöllerne?"
Der Urlaubsgast saogt freundlich drauf:
„Na toll, ich danke schen."

Der Ötzi

Den Ötzi haobns im Eis entdeckt,
zwoa Waondrer haobn na gfunden.
Er waor zan Leder ao'gmaogert,
sei Haut braun und ao'gschunden.

De Forscher haobn na ins Labor
naoch München ummi braocht,
dort haobns daonn gforscht und untersuacht,
bei Taog und bei der Naocht.

Noch ettla Wocha haobns daonn gwisst,
woher der Bursch is kemma.
A Schilehrer vom Arlberg.
Des lies sich neahmt mehr nehma.

Vom Arlberg, a Skilehrer,
des sei der Ötzi gwen?
De Arlberger konnten des
bei Leibe net verstehn.

De Forscher, de begründeten,
mit vielen Expertisen,
da Muskelaufbau und anderes
haobn klaor drauf hingewiesen.

Zudem waors Hosentürl offen,
verdraht waor a sein Kopf,
im Hosensack waor koa Tupf Geld,
geschweige denn a Knopf.

D' Hasche Knödl

In Zwettl dorbn beim Kirchawirtn
da haot da Hias in Nazl gfraogt,
wiaviel der frisch gemachten Knödl
am niachten Maogn er vertraogt.

Dao saogt der Nazl ohne zögern:
„Was willst denn, viere paock ich schaon!"
„Des is a gaonz a schena Blödsinn",
saogt drauf der Hiasl, „liaba Maonn,

denn waonnst oan drunt haost,
liaba Nazl, daonn is ganz klaor, wia ma so siacht.
Dao hilfts nix, waonnst nu mehrer aoi druckst,
dein Maogn is daonn nimma niacht."

„Höll schneid", saogt jiazt der glegte Nazl,
„den Schmäh den bring ich sicha aon,
i werd an Burgenlandler fraogn,
was der an Knödl essen kaonn."

So fuhr er mit dem Eisenrosse
naoch Eisenstadt ins Burgenland,
und fraogte dort an Burgenlandler,
prüft mit der Frage sein Verstand.

Da Burgenländer saogt zan Nazl:
„Drei Stuck, de bring i sicha weg,
obs mehr werdn, wird si daonn erst zoagn,
wia groß dass's san und obs ma schmeckt."

Drauf saogt der Naz mit leiser Stimme,
enttäuscht, mit aufgestautem Frust:
„Waonnst viere gsaogt häst, Burgenlandler,
hätt i an super Schmäh gewusst."

D' Aodlgruabm

A Radl liegt beim Huababauern,
da Packltraoga is verdraht,
im Häusl drinn, da rüaht si nixi,
und rundherum is 's ruhig und stad.
Da Franzl rennt um d'Aodlgruabn
und fuchtelt wild mit seine Händ,
und schreit und deut ganz Hilfe suchend,
es schaut so aus, wia waonn er flennt.
Da Laondschandarm, bei seiner Rundfahrt,
bleibt stehn und fraogt: „Waos is passiert?"
„Mei Muata is in'd Gruabn gflogn,
wird Zeit, dass wieda gfunden wird."
Da Laondschandarm haut's Kappl dauni
und hupft glei eini in de Brüah,
er taucht und suacht mit Händ und Füassn,
der Gstaonk maocht na schön laongsam wirr.
Naoch oana neicht saogt der Inspektor:
„Es tuat ma Load, find d'Muata net.
Muaß d'Feuerwehr zur Gruabn kemma
und auspumpem, dass's leichta geht."
„Des muaß net sein", saogt drauf der Franzl,
„des is jao wirklich koa Malheur,
dao brauch i halt den passad' Schrauben
fürn Packltraoga ah net mehr."

D' Lamplmoar Miaz

Der Lamplmoar, a liaber Maonn,
war fleißig, lustig und auch schlau.
Fuchzig Jahr schon haot er mit sein Weib,
da Miaz, z'sammglebt in Liab und Freud.
Doch wann er z'lang beim Wirtn war,
dao waors dann mit der Liebe gar.
Da hat's eahm Gas gebn, höll schneid, ja freilich,
de Mitzi wurde zur Kanaille.
Nau, dao haost glaubt, dass's eahm zerbricht,
so haot's eahm d'Wadln vieri gricht.
Den Besen hat's eahm umi droschen,
und d'Fetzn haot's eahm ghaut um d'Goschen.
Doch glei drauf war de Wut verraucht
haot's nimmer g'kebelt, nimmer pfaucht,
dao haot er ihr doch leicht dabaormt,
und glei haot's zärtlich eahm umoarmt.
Ja, wias so is, is plötzlich g'storbn,
er war allaon und ganz verlorn.
Im Haus waors ruhig, ja richtig stad,
koan Lebn mehr, 's waor richtig fad.
Koan Weib dao, des mit eahm amaol kebelt,
koa Mitzi, de da zruck waos schnebelt.
Kurzum, sie geht eahm richtig ao,
da Lamplmoar war nimmer froh.
So ist er oft zum Friedhof gaonga,
haot mit der Miaz zum Redn aong'faonga.
Waos er net tat und waos er gebert,
waonn's liabe Weib, sei Miaz, nu lebert.
Ja, wa des fesch, mei wa des schen,
ja kannst net endlich auferstehn,
und während er die Worte spricht,
a Scher, am Graob, aon Haufen richt.

Ja fast kunnst glaubn, ma hätt's g'kennt,
da graobt d'Miaz aua mit de Händ.
Der Lamplmoar, der des all's siacht,
der wird mit einem Mal stock liacht.
Haut auf den Haufen mit de Händ,
den Scher, den haobn de Schläg darennt.
Dao saogt er laut, hat dabei gwoant:
„Bleib drinn, so ernsthaft waor des do net g'moant."

Des Bergführers Glück

Im schroffen Fels, im Zillertal,
drunt im Tirolerlaond,
dao hängt a Bergführer mit Gaost
in steiler Felsenwand.

Dem Führer Much sei fescher Gast,
des is a Weiberleit
und klettern kaonn's, dass'd nur so schaust,
des is a echte Freid.

Den Vorstieg hat sie sich gewählt,
sie haot si gaor nit g'fiacht,
dao haots eahm d'Augn schiar verdraht,
wia's er so kratschen siacht.

Wia's g'schickt de Händ und Haxn spreizt,
den schweren Felsen schaofft,
g'spürt er ein Wurln im Hosenbund,
des Ur-Tirolers Kraoft.

Je länger sie am Felsen pickt,
vor eahm de Haxn spreizt,
wird eahm bewusst, dass de Berghex,
nicht mit den Reizen geizt.

G'schickt kratscht er naoch zum Felsenband,
dort haot er's gach verführt,
sie jodelt in die Bergeswelt,
wias den Tiroler g'spürt.

Gaonz gschaofft hängt er aoft in de Seil,
brummt aus zufriedner Brust,
beim Klettern haot der Teufel gstört,
es waor nit zweng der Lust.

Berechnung

In einer Top-Privatpension
drunt im Tirolerland,
ein sinnvoll' Spruch bei jeder Tür
in Gold geschrieben stand.

Gehst du heut klettern, lieber Gast,
muaßt vorher des Zimmer zahln.
Des wirst du sicherlich verstehn,
denn du kinnst aobi falln.

Aongst

Drei Stier, de weiden auf der Alm
und schaun ins grüne Graos;
urplötzlich röhrt der Jüngste laut,
im Tal da tuat si waos.

Denn drunten, in dem schönen Taol,
wo alle Kühe blieben,
da werden sie aus ihrem Staoll
zur Weide ausgetrieben.

Der Jüngste saogt mit Ungeduld:
„Hiazt renna ma zan Reigen,
die Nächste, die im Weg mir steht,
werd ich sofort besteigen."

Der Mittlere, erfahren schon,
saogt: „Ruhig, schau, wähl aus.
Wir suachan ins natürlich nur
die schönsten Kühe aus."

Der Alte murrt und murmelt nur
mit griesgramen Gesicht:
„Geht schnell zur Seit', versteckt euch gut,
vielleicht erspäh's uns nicht."

Adam und Eva

De Antropologen
wissen schoa laong und bestimmt,
dass Adam und Eva
net vo China drent kimmt.

Wiaso's des hiazt wissen,
is eigentli kloar,
weil da Rektor der Uni
graod in China drent waor.

Waonn's Chinesen gwen wan,
des is net vermessen,
hättns im Paradies statt 'n Apfel,
de Schlaong sicha gfressn.

Zwoa Schriatt

Da Ecker-Bau', der kummt in'd Stadt,
geht zur Frau Apotheker,
d' Verstopfung plaogt na, tagelaong,
beim Stuhln geht gar nix wegga.
Er schaut sie an,
d' gstudierte Frau
in ihrem weißen Kittel.
„Saogn's, kin's ma helfen, liabe Frau,
haobn Sie für mi a Mittel?"
„Ja freilich", sagt die Dame drauf,
„das werden wir gleich machen,
ich schaffe das, ganz sicherlich,
das wär ja sonst zum Lachen.
Doch lieber Herr, jetzt sagn Sie mir,
wo Sie denn ständig leben,
ich werde dann die Kräuter all
gleich in den Mörser geben."
„In Aigen wohn i", saogt stolz drauf
der Bauer Ignaz Ecker;
„mim Zug fahr i dao täglich hoam,
zwoa Stund, Frau Apotheker."
„Nun, wenn Sie dann in Aigen sind,
beim Bahnhof Sie dann stehen,
wo ist ihr Haus, wie weit ist es,
wie lang ist's noch zu gehen?"
„Jao mei", saogt er, „des haobm ma glei,
des is koa weite Streckn;
a Viertelstund, des reicht schon aus,
a, des muaß sicher gleggen."

„Und wenn beim Haus Sie angelangt,
dann sagen Sie mir bitte,
wie weit ist's noch zum stillen Ort,
Sie wissen, wieviel Schritte."
Der Naz denkt naoch,
wia er denn geht,
mit groß Schriatt oder Kloan',
da saogt er: „Zu der Häusltür,
zwanz'g Schriat sans, wia i moan."
Für all des, waos er aufzählt haot,
haot's g'haobt a passend Kreitl.
Haot's z'sammgmischt, aufkocht und passiert,
des helfend, heilend Seitl.
Dann haot's auf d' Uhr g'schaut,
de gnä Frau,
haot g'saogt: „Hiazt trinkst des aus,
fahrst mit da Bahn
und gehst danaoch
in einem Zug nach Haus."
Zwoa Wocha is des haizt schon her,
dao trifft der Ignaz Ecker,
in Linz, in Urfahr zufällig
de fesch' Frau Apotheker.
Erzählt ihr, dass er niemals mehr,
im Lebn sie wird vergessen,
sie haot, des is a echte Kunst,
des Trangl, scharf bemessen.
„Und g'holfn haots, des Wundersiff,
des Sie mir znaxt gbräut,
des Honrar, für de paar Netsch,
des haon i net bereut.

Beim Haustor bin i g'standn schoan,
da haots mi plötzli grissn,
de Stiagn, mein Gott, de klone Stiagn,
haob i do prompt vergessen.
De Darm, de haobn schon schen rumort,
des waor fast schoan zum Flenna,
hiazt wird's da drawig, tua hiazt waos,
mei Bua hiazt wird's zan renna.
De zwanzg Schriat, ja de haob i glei
im nu gschafft bis zur Tür,
dann haots an Kraocha gmaocht, koan kloan
und grunna is de Brüah.
Zwoa Schrait, i woaß des ganz genau,
de haobn ma letztli gfehlt,
Waonnst so genau bemessen kaonst,
jao, dao gebüart da s'Geld.
De zwoa Schriat, mein Gott na, gnä Frau,
des ist ja gaor net weit,
doch zwoa Schriat san in so an Fall,
a kloane Ewigkeit."

A schena Sunntag

Am Sonntag Fruah, oh welch ein Gfrett,
haut di da Wecker aus dem Bett,
kaum hat des Weckers Lärm ang'fangt,
wird einmal heftig ummig'langt.
Weil des, des geht ja wirklich z'weit,
dass da Wecker schon um siebne schreit.
Es wär ja nix, wär sonst viel z'schen,
dein Frau richt si zum Kuchl z'gehen.
Der Punkl wird mit'm Tee her g'fanga
und nachher wird in d' Kircha ganga.
So wia's halt is in jedem Ort,
d'Frau geht oft hoam, da Mann bleibt dort.
Zum Frühschoppen wird nacher ganga
und dort wird g'stillt der flüssig Planga.
Da wird fest g'trunga und viel gredt,
du merkst net wia die Zeit vergeht.
Bevor du gehst zur Mittagsstunde,
da schmeißt der Wirt noch eine Runde.
Dem Wirt, dem wird ein Hochliad gsunga
und nacher gmüatlich nu austrunga.
Kurzum, vor lauter Saufen hast vergessen,
dass d'Frau dahoam schon wart mit'm Essen.
Jetzt teufelst hoam, mit mords oan Wind,
in d'Stubn, da sitzt die Frau mit'm Kind.
Und beide blicken bös und stumm,
um den gedeckten Tisch herum.
Oan Stund Verspätung, oh Höllschneid,
da hat des Weib koa rechte Freud.
Beim Reden tuast da a schon schwer,
am g'scheitern is, du sagst nix mehr.
Des Essen hat da ah guat g'schmeckt,
drum wird si auf die Bettbank g'legt,

hörst d'Frau nu sagn: „Heut wär's so schön,
sag, kunnt ma net spazieren gehen?"
Und während sie auf d'Antwort horcht,
schlafst ein und wird zwoatönig g'schnarcht.
Auf Spat druckt's dir die Augen auf,
wos d'bist, da kimmst erst später drauf.
Draust schiach, is nimmer schen de Freud,
spaziern brauch i heut nimmer gehn.
Da fragt sie zynisch: „Maogst a Brause?"
„Na sag i drauf, a Bier mit Jause."
Drauf wird zum Tisch si zuwi g'sessn
und angfangt mit Genuss zum Fressen.
Zum Redn gibts nix, es wär sonst fad,
drum wird der Fernseher aufdraht.
Beim Schispringa wird zugeschaut,
wia's Morgi auf die Pappn haut.
Dabei muaßt nu oan Viertl tringa,
weil's leichter g'wingan dann die Springa.
Oa Flascherl Wein hast glei ausg'soffen,
aufs G'winga muaßt des next' Mal hoffen.
Letztendlich dann, da gehst in's Bett,
drahst di zum Spatz, sagst: „Sei so nett
und sei mir bitte heut net bös',
geh, wärmst ma leicht ma kalt's Gesäß?"
Da wird ihr tief in d'Augen g'schaut
und g'streichelt sanft ihr zarte Haut,
manch' Träne wird dabei erblickt,
doch sie sagt nix, wird bloß genickt.
Drauf fragst: „Spatzl, i moan's ehrlich,
der Sonntag, sag,
war der net herrlich?
Dei Rührung kann i leicht verstehn,
des is a schöner Sunntag gwen.

Der Baoch

Beim Felsn entspringt er,
recht gmüatli, net schnell
und daonn rinnt er wegga,
der reine Bergquell.

Zerst is 's blos a Rinnsal,
suacht oan Weg in des Taol,
naoch oan Eichtl wiards größer,
wird a Baoch auf amaol.

Und wia er dao sprudelt,
über d'Stoa aobi springt,
dao haost faost des G'fühl,
dass er oa Liad dabei singt.

Des Bachl des graobt si
in d'Erdn guat ein,
schwoabt des Kaotznegold aua,
des funkelt so fein.

Waonn d'Sunn daonn durch d'Äst kimmt,
is des doppelt so schön,
daonn siagst d'Fisch und de Krebsn
beim Kaotzengold stehn.

Nau, waonn haolt da Baoch
aomaol net weida find,
dann bild er oan Tümpl,
bis er selber abrinnt.

Dann wird er am Weg
ganz aobi ins Tal
auf aomal gewaltig
zu oan Wasserfall.

Im Taol drunnt is's Bachl
recht tiaf und a broad,
waonn's a Hochwasser gibt,
bringt er Kummer und Load.

Da Baoch rinnt zum Fluss,
zwischen Wiesn und Feld,
graobt Meander in d'Landschaft,
weil's eahm sonstn z'schnell geht.

Und waonn er schlussendlich
in die Donau einmünd,
hat er sei Aufgab erledigt,
bevor sei Neue beginnt.

Der Autor

Wolfgang Schrammel wurde 1947 in Linz geboren und übersiedelte 1948 mit seinen Eltern nach Wilhering. Er besuchte die Volks- und Hauptschule, anschließend die HTL Linz, Abteilung Hochbau. Nach vier Jahren brach er die Schule ab und machte eine Maurerlehre. Auf dem zweiten Bildungsweg besuchte er die Bauhandwerkerschule und ließ sich zum Bautechniker und Bauleiter ausbilden. Es folgten die Baumeisterprüfung sowie der Aufstieg zum Oberbauleiter und Prokuristen. Fünf Jahr lang war er Geschäftsführer eines Bauindustriebetriebs, anschließend war er als selbständiger Bauunternehmer und Inhaber eines technischen Büros tätig. Seit 2012 ist er in Pension. Er ist verheiratet und hat drei Kinder.

Seit seiner Jungend schreibt Wolfgang Schrammel gerne Verse zu besonderen Anlässen, später folgten auch Gedichte und Kurzgeschichten sowie ein Roman. Neben dem Schreiben interessiert er sich für Golf, Schifahren und ist ein sehr guter Hobbykoch.

novum VERLAG FÜR NEUAUTOREN

Der Verlag

„ *Wer aufhört
besser zu werden,
hat aufgehört
gut zu sein!*

Basierend auf diesem Motto ist es dem novum Verlag ein Anliegen neue Manuskripte aufzuspüren, zu veröffentlichen und deren Autoren langfristig zu fördern. Mittlerweile gilt der 1997 gegründete und mehrfach prämierte Verlag als Spezialist für Neuautoren in Deutschland, Österreich und der Schweiz.

Für jedes neue Manuskript wird innerhalb weniger Wochen eine kostenfreie, unverbindliche Lektorats-Prüfung erstellt.

Weitere Informationen zum Verlag und
seinen Büchern finden Sie im Internet unter:

www.novumverlag.com